ARNEO NIZZOLI

DER KÜRBIS

Überlieferte Rezepte aus italienischen Küchen

•• ◆ ••

Historische Rezepte von Platina bis Artusi
und 78 Rezepte der bekanntesten Küchenchefs Italiens

Einleitung von Alberto Capatti
Weinempfehlungen von Giuseppe Vaccarini

KÖNEMANN

FOTOGRAFIE: Nicoletta Innocenti
WEITERE BILDER: Raccolte Stampe »Achille Bertarelli«, Biblioteca di Storia Naturale, Mailand

© ORIGINALAUSGABE 1996 BIBLIOTHECA CULINARIA S.R.L.
VIALE GENOVA, 2/B, 20075 LODI, ITALIEN
ORIGINALTITEL: Sapori da riscoprire. La Zucca

© 1999 FÜR DIE DEUTSCHE AUSGABE: KÖNEMANN VERLAGSGESELLSCHAFT MBH
BONNER STRASSE 126, D-50968 KÖLN
ÜBERSETZUNG AUS DEM ITALIENISCHEN: CLAUDIA BASTELMANN, ANTON EBNER
REDAKTION UND SATZ: DELIUS PRODUCING BERLIN/JULIA NIEHAUS, ALEXANDRA SCHAFFER
DRUCK UND BINDUNG: KOSSUTH PRINTING HOUSE, BUDAPEST
PRINTED IN HUNGARY
ISBN 3-8290-1456-2

10 9 8 7 6 5 4 3 2

Inhaltsverzeichnis

6 **Eine Laune der Natur**
Alberto Capatti

12 **Wissenswertes über den Kürbis**
Daniela Garavini

25 **Kürbisgerichte von Platina bis Artusi (15. bis 19. Jh.)**

35 DIE REZEPTE VON ARNEO NIZZOLI

36 **Gefüllte Kürbisblüten**

37 **Kürbisschalen gekocht in süß-sauer eingelegtem Apfel**

38 **Fritierte Kürbis-Halbmonde**

39 **Kürbis in pikanter Soße**

40 **Kürbis-Schiffchen mit Sardellen**

42 **Überbackene, gefüllte Kürbisscheiben**

44 **Fritierte Kürbisstreifen**

46 **Kürbis-Zwiebel-Törtchen**

48 **Pikante Kürbistorte**

50 **Frittata mit Zwiebeln und Kürbis**

51 **Teigtaschen mit Kürbis-Ricotta-Füllung auf in Thymian gebratenen Pfifferlingen**

52 **Tortelli di zucca**

54 **Kürbiscreme-Suppe**

55 **Spaghetti mit Kürbis**

56 **Kartoffelcreme-Suppe**

59 **Rigatoni mit Kürbis**

60 **Kürbis-Gnocchi**

63 **Risotto mit Kürbis**

64 **Kürbislasagne**

66 **Gnocchetti mit Bohnen, Kürbis und Kartoffeln**

68 **Bocconcini aus Würstchen und Kürbis mit Schnittlauch**

69 **Hühnerbrust mit Kürbis und Vino cotto**

70 **Geschmortes Schweinefleisch mit Kürbis**

71 **Gefüllter Schweinefuß in Vanille mit Kürbispüree**

72 **Kürbisauflauf**

73 **Kürbis-Pilz-Auflauf**

74 **Kürbis-Spinat-Strudel**

76 **Stockfisch mit Zwiebeln und Kürbis**

77 **Kürbisgebäck**

78 **Kürbiskuchen**

79 **Kürbisplätzchen**

80 **Gewürzkuchen mit Kürbis**

82 **Kürbis-Süßspeise**

85 **Kürbisstrudel**

86 **Kürbiseis**

87 BERÜHMTE KÖCHE UND IHRE KÜRBISREZEPTE

88 **Flußkrebs-Gratin mit gelbem Kürbis und Blattspinat**
Romano Resen

89 **Kürbissoufflé »Ippolito Cavalcanti«**
Pinuccio Alia

90 **Fritierter Kürbis sizilianische Art**
Laura Valastro

91 **Marinierter Kürbis**
Salvatore Tassa

92 **Kürbistörtchen alla quistellese**
Romano Tamani

93 **Kürbistörtchen mit schwarzen Trüffeln**
Ezio Santin

94 **Marinierter Kürbis**
Nadia Santini

96 **Kürbis alla murgese**
Sergio Cantatore

97 **Cresc Tajat mit Hasenragout, Tomaten und Netzkürbis**
Lucio Pompili

98 **Nudeln mit Kürbis-Kartoffel-Füllung auf dem heißen Stein**
Paolo Teverini

99 **Kürbissuppe mit gerösteten Mandeln**
Roberto Ferrari

100 **Lasagne mit Kürbis und Gänseleber**
Claudio Sadler

102 **Kartoffel-Gnocchetti mit Kürbisfüllung und Fischragout**
Marco Cavallucci

103 **Kürbiscreme mit Amaretti**
Gualtiero Marchesi

104 **Kürbiscreme mit Mandeln und Orangensaft**
Angelo Lancellotti

105 **Teigtaschen mit Radicchio-Ricotta-Füllung und Kürbissoße**
Luigi Bortolini

106 **Nudeln mit Kürbis**
Agostino D'Ambra und Rosario Sgambati

107 **Kürbiscreme mit gefüllten Eclairs**
Giovanna Gasparello

108 **Risotto mit gelbem Kürbis mit Käsecreme und Trüffeln aus Alba**
Walter Ferretto

110 **Gratinierte Kürbissuppe mit Bergkäse**
Walter Bianconi

111 **Nudeln mit Kürbisfüllung und leichtem Hasenragout**
Vincenzo Cammerucci

112 **Kürbissuppe mit Reis, Parmesan und Zimt**
Domenico Burato

113 **Strudel mit einer Füllung aus Kartoffeln, Kürbis und Kaiserlingen in Kürbissoße**
Igles Corelli

114 **Rotweinrisotto mit Kürbis**
Luca Bolfo

115 **Kürbispüree mit frischem Ricotta**
Aimo und Nadia Moroni

116 **Vollkorn-Gnocchetti mit Bohnen und Kürbiscreme**
Alberto Vaccari

117 **Aschenputtel-Risotto**
Roberto Fontana

118 **Nudeltäschchen mit Käsefüllung mit Kürbispüree und Trüffeln**
Umberto Vezzoli

119 **Kürbis-Meerrettich-Soße**
Stefano Gandini

120 **Sardinen in Basilikumteig mit Kürbis-Koriander-Creme und Selleriescheibchen**
Antonio De Rosa

121 **Tintenfischsalat mit gegrilltem Kürbis**
Virgilio Corrado

122 **Kürbis mit Meerrettich und Scampi in Aceto Balsamico**
Pietro Leemann

124 **Sardellen-Kürbis-Spieße**
Laura Niccolai

125 **Kuchen aus dem Montferrat aus gelbem Kürbis und Renette-Äpfeln**
Claudia und Antonio Verro

126 **Kürbiskuchen mit Holunderbeeren**
Renato Sozzani

127 **Köstlichkeit aus Kürbis mit Mandel-Pistazien-Masse**
Alfonso Iaccarino

128 **Mürbeteigtorte mit Reis und Kürbis**
Ernst Knam

130 **Kürbispudding mit Sternanissoße**
Sergio Carboni

132 **Gefüllte Birnen mit Kürbis**
Piero Ferrando

133 **Kürbismousse mit in Zimt gerösteten Mandeln und Amarettosoße**
Fred Beneduce

134 **Kürbissoufflé**
Franco Colombani

136 **Mürbeteigkuchen mit Kürbismarmelade**
Enrico Parassina und Daniele Allegro

138 **Süßer Kürbis-Mandel-Flan mit Amarettosoße**
Giovanni Maggi

141 DANKSAGUNG

Eine Laune der Natur

von Alberto Capatti

Der erste, der Kürbisse aß, war der Marullus Ägyptus.
Ortensio Lando, Kommentar

Mit seinen 90 Gattungen und 900 Sorten, den Unterschieden in Größe und Gewicht sowie in Form und Farbe ist der Kürbis ein Symbol für die Maßlosigkeit und Launenhaftigkeit der Natur. Seit der Antike gibt es ihn überall auf der Welt, und er war schon immer mehr als ein Nahrungsmittel. Groß ist seine Bedeutung für Koch- und Festkultur, Kunst und Sprache. Es gibt weiße und gelbe, saftige und trockene Kürbisse und hohle Früchte, die schwimmen. Sie wurden als Weinbehältnisse verwendet oder von den Bauern mit Salz und von den Fischern mit Fischen gefüllt. In den Markthallen von Paris feierte man einst ein denkwürdiges Fest zu Ehren des Kürbisses: die *fête du potiron*. Eine Reihe von Gemälden erinnert an seine ornamentalen, animistischen und erotischen Konnotationen. Man findet ihn in Stilleben (Juan Sanchez Cotàn), in Darstellungen der *Madonna mit Kind* (Crivelli) und in Szenen wie der Versuchung des Adam (Ferdinando Maria Campani).[1] Die größte aller Früchte hat stets Bewunderung erregt und zudem den Ehrgeiz der Züchter angestachelt. So verzeichnet etwa das *Guinness-Buch der Rekorde* von 1996 einen 449 kg schweren Kürbis aus Ashton in Kanada.

C. Crivelli, Madonna mit Kind,
Ancona, Pinacoteca Comunale Podesti

---

[1] Eine umfassende interdisziplinäre Untersuchung zum Kürbis findet sich bei: Ralf Norman und Jon Haarberg, *Nature and language. A semiotic study of cocurbits in literature* (Natur und Sprache. Eine semiotische Studie über den Kürbis in der Literatur), London, 1980.

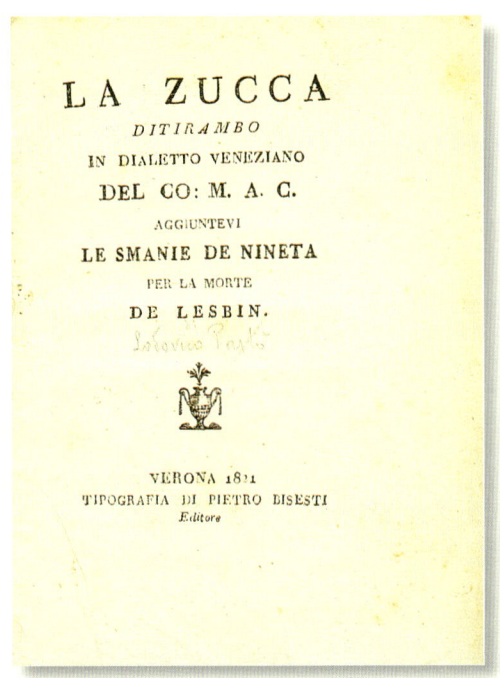

LA ZUCCA
DITIRAMBO
IN DIALETTO VENEZIANO
DEL CO: M. A. C.
AGGIUNTEVI
LE SMANIE DE NINETA
PER LA MORTE
DE LESBIN.

VERONA 1824
TIPOGRAFIA DI PIETRO BISESTI
Editore

Der Kürbis: Loblied in venezianischem Dialekt,
Verona 1824

Vom 1. Jahrhundert v. Chr. bis zum 3. Jahrhundert n. Chr. nahm der Kürbis in der einfachen Küche des Römischen Reiches den gleichen Stellenwert ein wie die Melone; er galt als gesund und wurde auf vielfältige Weise zubereitet. Von Apicius sind neun Kürbis-Rezepte überliefert: Er wurde mit Gewürzen gekocht oder mit Soßen verfeinert, gebraten oder gebacken, in Stücken, als Püree oder als Beilage zu Huhn serviert. Darüber hinaus wurde er als Gefäß verwendet.[2]

Der Kürbis findet sich in Gartenbauhandbüchern und in allen italienischen Kochbüchern, vom anonymen toskanischen Autor Ende des 14. Jahrhunderts bis hin zu Artusi. Der *Cucurbita maxima*, also der runde, etwas abgeflachte und schwere Riesenkürbis, wurde bei uns durch die botanischen Atlanten der ersten Entdecker der Neuen Welt bekannt und weckte erneut das Interesse auch an allen anderen Sorten.

Seit Beginn des 16. Jahrhunderts wurde der Kürbis zum Gegenstand der Dichtung. Nur wenige Früchte konnten erfolgreich im Garten der Literatur kultiviert werden – ein Zeichen für die besondere Wertschätzung, die einem Nahrungsmittel entgegengebracht wird. Der Kürbis kam in diesen Genuß wegen seiner übermäßigen Größe, die sowohl komisch als auch durchaus vulgär sein kann.

So ist er zur Metapher für menschliche Eigenschaften geworden. Der Kürbis konkurriert schon seit griechischer und römischer Zeit und in vielen Sprachen mit dem Kohl und der Rübe als Schimpfwort für »Dummkopf«.

Sein rascher Wuchs machte ihn andererseits zum Zeichen für Ruhm und Größe. Während der italienischen Renaissance verbildlichte er den Zusammenhang zwischen Natur und menschlichem Intellekt, oder er symbolisierte mit seinem üppigen Wachstum einen florierenden Staatsapparat.

Der Dichter Teofilo Folengo füllt in seinem Epos *Baldus* einen imaginären, enorm großen, getrockneten und leeren Kürbis mit Dichtern, Sängern, Astrologen und beschließt es mit der Spöttelei: »Zucca mihi patria est.« – Der Kürbis ist mein Vaterland.[3] Der riesige Gemüsekopf als lächerliches Abbild der Intelligenz. In Piacenza wurde 1543 die *Accademia degli Ortolani*, die Gemüse-Akademie, ins Leben gerufen. Ihre Mitglieder waren

---

[2] J. André, *L'alimentation et la cuisine à Rome* (Ernährung und Kochkunst in Rom), Paris 1981, S. 41f.

[3] Teofilo Folengo, *Baldus*, Turin 1989, S. 878

allesamt Literaten, die sich *Cetriolo* (Gurke), *Popone* (Melone) und *Cocomero* (Wassermelone) nannten – oder *Semenza* (Samen), wie sich Francesco Doni, der Gründer der Akademie, bezeichnete. Der Florentiner ist Autor des berühmten satirischen Werkes *La zucca* (Der Kürbis), das voller Anekdoten und Aphorismen steckte, welche exzellenten Gesprächsstoff für Tischgespräche lieferten.
Das den Lesern gewidmete Vorwort beginnt Doni ausgerechnet mit einem Abgesang auf die Küche:

»Ich will gar nicht sprechen von Kürbiskonfekt, von mit Ei gekochtem Kürbis, von mariniertem und fein gewürztem Kürbis, gebraten, mit Soße, oder überbacken ...«[4]

Eine seltsame Einleitung, diese Aufzählung von Rezepten mit ein und derselben Zutat, die reichlich vorhanden ist, getrocknet oder frisch, sich gut kochen und einfach würzen läßt.
Costanzo Felici, Naturforscher aus Rimini und Zeitgenosse Donis, folgte dessen Beispiel in einem Brief mit dem Titel *Dell'insalata e piante che in qualunque modo vengono per cibo del'homo* (Über den Salat und Gewächse, die auf irgendeine Weise dem Menschen als Speise dienen):

»Der Kürbis ... ist als Mahlzeit der Menschen sehr gebräuchlich – in Suppe gekocht, als Kuchen, fritiert, mit Fleisch, mit Öl, mit Käse, mit Eiern und auf viele andere Arten ...«[5]

Die Zitate belegen, daß der Kürbis einen festen Platz auf dem Speisezettel hatte, was auf seine Fülle, sein üppiges Wachstum und die unterschiedlichen Zubereitungsmöglichkeiten zurückzuführen ist. »Kaum fängt die Kürbispflanze an, sich mit ihren Trieben auf der Erde auszubreiten, wandert sie auch schon in die Küche.«[6] Der Kürbis gedeiht selbst unter ungeübten Händen und kann einfach oder mit Pfiff zubereitet werden. Eine andere Rolle spielte der Kürbis an den Höfen in der italienischen Poebene, insbesondere in Ferrara, wie die Beschreibungen von Messisbugo in der ersten und von Rossetti in der zweiten Hälfte des 16. Jahrhunderts zeigen: Dort füllte man den Kürbis mit Fasanenteilen und anderem Geflügel, mit ganzen und entbeinten gefüllten Tauben. Zusammen mit Hart- oder Schafskäse diente er als Füllung für Pasteten und wurde etwa zu Kapaunfleisch gereicht.
Es existiert kein Verzeichnis der am Hof gebräuchlichen Kürbis-Rezepte, da er in der Regel als Beilage zu mächtigen und intensiv schmeckenden Speisen diente. Kürbis servierte man zu schmackhaftem Fleisch und mit appetitanregenden Gewürzen, mit Zucker und Safran. So urteilt ein Bologneser Koch namens Stefani 1662: »Man kann daraus so viele verschiedene Speisen zubereiten, daß ein komplettes Menü entsteht.«[7]
Besondere Bedeutung besaß der Kürbis als eßbares Gefäß. Bartolomeo Scappi verweist darauf, daß die Füllung eines Kürbisses für einen Koch kein Problem

---

[4] Anton Francesco Doni, *La zucca* (Der Kürbis), in: *Opere di Pietro Aretino e di Anton Francesco Doni* (Werke von Pietro Aretino und Anton Francesco Doni), Neapel 1976, S. 604

[5] Costanzo Felici, *Dell'insalata e piante che in qualunque modo vengono per cibo dell'homo* (Über den Salat ...) Urbino, S. 88

[6] Vincenzo Tanara, *L'economia del cittadino in villa* (Wirtschaft des Städters auf dem Land), Venedig 1680, S. 258

[7] Bartolomeo Stefani, *L'arte di ben cucinare* (Die Kunst, gut zu kochen), Mantua 1662, S. 84

darstellt: In der Tat erlaube sein Fassungsvermögen Füllungen mit Schweine- oder Kalbfleisch, mit Eiern und Schinken, mit Schichten aus gelbem Hirn und jungen Hühnern oder entbeinten kleinen Vögeln. Schwierig werde es erst beim Kochen, da Festigkeit und Form erhalten bleiben sollen. Scappi erläutert die Zubereitung im Topf wie auch im Ofen. Der ausgehöhlte und gefüllte Kürbis wird in fetter Brühe mit Pfeffer, Zimt und Safran gekocht, »damit er schmackhaft und nicht fade ist«. Es bedarf einiger Geschicklichkeit, den Kürbis vom Kochtopf auf die große Servierplatte zu bekommen, um ihn »heiß und mit Schinken oder Bauchfleisch umwickelt zu servieren«. Die Alternative verlangt nicht weniger Fingerspitzengefühl. Das Innere eines Kürbisses wird mit Schinken ausgelegt und anschließend mit dem Besten gefüllt, das die Küche zu bieten hat. Die Öffnung wird mit Kürbisfleisch geschlossen und mit Bindfaden verschnürt. Schließlich wird der Kürbis in Papier gewickelt und auf den »Ton- oder

Brief an »den hochgeschätzten Signor Francesco, Koch des Hauses Galliani« mit der Beschreibung eines Rezeptes für gebackenen Kürbis

Kupferboden« des Ofens gelegt, der »nicht so heiß wie beim Brotbacken sein sollte«.[8]

Ihn nach zwei Stunden unversehrt aus dem Ofen zu holen, die Schnur und das Papier zu entfernen und die Öffnung mit dem rohen »Originaldeckel« des Kürbisses zu verschließen, war eine hochgeschätzte Kunst.

Solchen Rezepten verdankte der Kürbis seine Magie: Hinter seiner farbigen Schale verbargen sich duftende Speisen und ungeahnte Überraschungen. Mit ihm ließ sich an jeder Tafel ein lukullisches Mahl

inszenieren.

Dergleichen Kochkünste – mögen sie auch hinsichtlich der Zutaten und Beilagen variieren – überdauerten nicht nur die Jahrhunderte, sie wurden überall auf der Welt gepflegt. So taucht der »Überraschungskürbis« auch in einem der pikantesten Werke der zeitgenössischen chinesischen Literatur auf, dem Roman *Leben und Leidenschaften eines chinesischen Feinschmeckers* von Lu Wenfu,[9] der die Hungersnöte der Jahre 1959 bis 1961 behandelt. Dem Koch und Feinschmecker Zhu Ziye gelingt es, eine Ladung Kürbisse zu erwerben. Angesichts der mageren Vorräte verrät er seinem Komplizen Gao, der zugleich sein Rivale ist, folgendes traditionelle Rezept: »Wir könnten doch einen Überraschungskürbis erfinden und ihn mit bestem Reis und den acht Köstlichkeiten füllen und mit Dampf garen; die Frische des Kürbisses, die Süße der Gewürze und die acht Köstlichkeiten werden zusammen sicherlich ein harmonisches Ganzes geben ...«.

Daß Kürbisse relativ günstig waren und

[8] Bartolomeo Scappi, *Opera* (Werke),Venedig, 1570, S. 82
[9] Lu Wenfu, *Leben und Leidenschaften eines chinesischen Feinschmeckers*, Guanda 1991, S. 82

sind, ist zweifellos ein wichtiger Grund für ihre Popularität, ob er nun köstliche Happen in seinem Inneren versteckt oder allein durch sein Volumen Überfluß vorgaukelt. Das üppige Wachstum der Frucht auf allen Böden tat ein übriges. Mit dem Kürbis, der auch im *Porträt von Kaiser Rudolf II. als Vertumnus* von Giuseppe Arcimboldo zu sehen ist, lassen sich in allen Reifestadien ungewöhnliche, einfache oder überraschend phantasievolle Gerichte zubereiten – die Sprossen und die kleinen, feinen Kürbisfrüchte eignen sich bestens für einen Salat, die Schale für ein Kompott, die Blüten können gefüllt, mit Mehl bestäubt und in Teig ausgebacken werden, ganz zu schweigen von den Kernen – all diese Bestandteile des Kürbisses spielten eine Rolle auf den Speisekarten der Welt. Die verschiedensten Gerichte, entdeckt durch Hinschauen und Neugier, wurden nicht wegen ihres Nährwertes geschätzt. Ihr spielerischer Charakter erfreute den Küchenmeister.

Von dort war es nicht weit bis zur

Volksheilkunde: Die Kerne reinigen die Nieren, und die »einen Sommer lang an der Sonne«[10] in Öl eingelegten Blüten wirken regenerierend.

Nach dem Siegeszug des Kürbisses in der Renaissance- und Barockzeit blieb dieser, wenn auch in anderer Form, weiterhin am italienischen Hof präsent. 1773 wurde er in Neapel von Corrado in dessen Rezeptsammlung aufgenommen,

Arcimboldo, Porträt von Rudolf II. als Vertumnus, Wien, um 1590

und im Jahre 1853 fand er Erwähnung im *Traktat* von Vialardi, der in den Diensten Carlo Albertos von Sardinien und des italienischen Königs Vittorio Emanuele II. stand.

So fragt man sich, welch widrige Umstände den *Cucurbita universale* in der Folge verdrängt haben mögen. Vergeblich suchen wir ihn etwa im *Guide culinaire* (Kulinarischer Führer) des französischen Meisterkochs Auguste Escoffier, der Bibel der große Köche in aller Welt und dem Vorbild für alle professionellen Kochbücher des 20. Jahrhunderts.

Das Verschwinden des Kürbisses, das sich schon 1899 bei Artusi[11] ankündigte, der ihn für nur eine Suppe und einen Kuchen verwendete, war das Ergebnis eines Konfliktes zwischen der anspruchsvollen städtischen und der ländlichen Küche. Für die, die das wunderbare Wachstum der Frucht nicht mit eigenen Augen verfolgen konnten, wurde die Frucht uninteressant, daran vermochten auch seine Qualitäten bei Soufflés und Gratins, Gelees und Bignés nichts zu ändern. So

[10] Vincenzo Tanara, ebd, S. 259

[11] Pellegrino Artusi, *La scienza in cucina* (Die Wissenschaft in der Küche), Florenz 1899

trat der Kürbis bei Hausfrauen und Küchenchefs zugunsten des Zucchinos, eines Familienmitglieds, vor allem jedoch zugunsten der Kartoffel mit ihrer vergleichbaren Konsistenz in den Hintergrund.

Mit der Wiederentdeckung regionaler und traditioneller Rezepte hält der Kürbis heute erneut Einzug in die internationale Küche. Im Zuge der wachsenden Nachfrage nach einem abwechslungsreichen Angebot an exotischen und heimischen Früchte- und Gemüsesorten und auf der Suche nach neuen Farben und Geschmacksnoten besinnt man sich unter anderem auch wieder auf die Kürbisse. Daß sie inzwischen als etwas Besonderes geschätzt werden, verdanken sie nicht zuletzt der neuen Küche, die in diesem Buch mit einigen Beispielen vertreten ist.

Eine Ironie der kulinarischen Geschichte: In den Vereinigten Staaten, denen Europa die eigene gastronomische Krise anlastet, entwickelte sich der *pumpkin pie* in den letzten Jahren zum volkstümlichen Feiertagsgericht.

Es ist nicht ausgeschlossen, daß der Kürbis als Symbol unerschöpflicher Kochkunst und einer traditionellen ländlichen Kultur zu neuem Leben erwachen wird. Sollte er sich auf den Tischen genauso schnell breitmachen wie auf den Feldern, dann werden wir in Zukunft nichts anderes mehr essen.

Pietro Andrea Mattioli,
Commentarii in sex libros
Pedacii Dioscoridis Anazarbeis de Medica Materia

Wissenswertes über den Kürbis

VON DANIELA GARAVINI

DIE HERKUNFT

Wissenschaftlich und botanisch:	*Cucurbita maxima, Cucurbita moschata, Cucurbita pepo, Lagenaris vulgaris*
Deutsch:	*Kürbis*
Englisch:	*pumpkin*
Französisch:	*courge, potiron*
Italienisch:	*zucca*
Portugiesisch:	*abóbora, cabaça*
Spanisch:	*calabaza*
Russisch:	*tykwa*
Ungarisch:	*tök, förötök*

Der auf der ganzen Welt und in den verschiedensten Sorten bekannte Kürbis fand bereits in der Küche des antiken Rom Verwendung; der heute bevorzugte gelbe Winterkürbis stammt aus Südamerika und kam im 16. Jahrhundert nach Europa. Die erste Sorte, die sich in Europa ausbreitete, war der *Cucurbita pepo* (Gartenkürbis, vor 1542); kurz darauf folgte der *Cucurbita maxima* (Riesenkürbis, vor 1544) und schließlich der *Cucurbita moschata* (Moschuskürbis, vor 1591). Erwähnt werden Kürbisse erstmals 1544 bei Pietro Andrea Mattioli und um 1550 bei Gherardo Cibo. Ihre Kultivierung in Italien belegt der aus Brescia stammende Landwirt Agostino Gallo, der drei in Italien vorkommende Arten anführt (*zucca bianca, zucca marina* und *zucca turca*). Vom Kürbis allgemein sprechen im 16. Jahrhundert der Ferrareser Koch Cristoforo Messisbugo (auf S. 27 finden sich seine Beschreibung der Frucht und ein Rezept) und der Arzt und Naturwissenschaftler Costanzo Felici.

Der Kürbisanbau

Poni la zucca in aprile, ti verrà grossa come un barile. – Pflanz den Kürbis im April, und er wird groß wie ein Faß. Diese Bauernweisheit hat noch immer ihre volle Gültigkeit, zumindest in Mittel- und Norditalien. Kürbisse sind tatsächlich sehr frostempfindlich, und eine vorzeitige Aussaat wäre riskant. Die ganze Ernte könnte verloren gehen, da Kürbisse einjährige Pflanzen sind und jedes Jahr gesät werden. Das gilt natürlich nicht für die südlichen Regionen mit ihrem milderen Klima. Etwa einen Monat nach der Aussaat blüht die Pflanze; zuerst entwickeln sich die männlichen Blüten und dann die weiblichen, von denen ein kleiner Teil befruchtet wird und Früchte bildet. Die gelben Kürbisse werden in vollreifem Zustand geerntet, der je nach Sorte und Anbaugebiet im Sommer oder zu Beginn des Herbstes erreicht ist. Die Hauptanbaugebiete in Italien sind die Lombardei, die Emilia Romagna und die Poebene, Kampanien und Apulien. Allerdings ging der Anbau in den letzten Jahrzehnten stark zurück. Wurden 1994 noch 92 000 Doppelzentner geerntet, so waren es 1987 noch 264 000 und 1976 sogar 581 000 Doppelzentner, also fast sechsmal soviel (Quelle: ISMEA). Der Kürbis scheint wie die Hülsenfrüchte (ebenfalls ein Nahrungsmittel mit deutlichem Produktions- und Konsumrückgang) ein Opfer sich ändernder Lebens- und Eßgewohnheiten geworden zu sein.

Ein vielseitiges Gemüse

Was den Kürbis in ländlichen Gebieten bis vor wenigen Jahrzehnten so beliebt machte, war eine Reihe von Faktoren. An erster Stelle stand zweifelsohne seine vielseitige Verwendbarkeit in der Küche und die Tatsache, daß alle Teile des Kürbisses eßbar sind (für den Menschen ungenießbare Sorten lassen sich an das Vieh verfüttern). Ein anderer Vorteil war die Anpassungsfähigkeit der Pflanze, die sich auch auf wenig fruchtbarem Boden, an Feldrändern oder nicht bewässerbaren Stellen problemlos anbauen läßt. Zuviel Dünger oder Wasser sind sogar eher schädlich. Kürbisse sind zudem kaum anfällig für Schädlinge oder Krankheiten.

Zu beachten ist lediglich, daß Kürbisse in frostfreien Zeiten ausgesät werden müssen. Darüber hinaus sollte man nicht vergessen, daß die Kürbispflanze in den heißesten Monaten des Jahres als ein idealer Schattenspender fungiert. Man muß sie nur an einem Klettergerüst emporwachsen lassen, und schon entwickelt sie Blätter und bildet eine Loggia (oder *lobbia*, wie man in der

Poebene sagt), die Schutz vor der stechenden Sonne bietet oder als Unterstand für Tiere oder Geräte genutzt werden kann. Wenn sich die Früchte entwickeln, müssen sie durch eine Art Konsole auf einem im Boden verankerten Pfahl abgestützt werden. Schließlich sei noch die hervorragende Lagerfähigkeit des Kürbisses erwähnt; im Spätsommer oder zu Beginn des Herbstes geerntet, bleibt er bis zum folgenden Frühling genießbar. Man muß ihn lediglich vor Kälte schützen. Deshalb lagerten ihn die Bauern der Poebene üblicherweise unter dem Bett oder auf dem Schrank.

Die Vorzüge des Kürbisses

Die Zeiten haben sich geändert, und das, was einst den Nutzen und die Vorzüge des Kürbisses ausmachte, ist für die Menschen heute kaum noch von Interesse. Und doch spricht nach wie vor vieles für ihn.

Der Kürbis ist ausgesprochen gesund. Durch die erwähnten geringen Ansprüche an den Boden kommt es nicht, wie bei vielen anderen Gemüsen, zu einer Konzentration von Nitraten, und wegen seiner Resistenz gegenüber Schädlingen kann auf Insektizide verzichtet werden. Auch zur Konservierung bedarf es keiner spezifischen Behandlung; ein Lagerraum mit Temperaturen über 8 °C ist völlig ausreichend.

Der Kürbis ist eines der wenigen Nahrungsmittel, die es nur zu einer bestimmten Jahreszeit gibt, da er nicht in Gewächshäusern angebaut wird. Es gibt allerdings ein paar eigens zu diesem Zweck gezüchtete Sorten, die unabhängig von der Jahreszeit gesät und geerntet werden können, und auch die traditionellen Sorten können einen Monat früher ausgesät werden, wenn sie mit Plastikabdeckungen vor Frost geschützt werden.

Der Kürbis ist ein kalorienarmes und dennoch sehr sättigendes Nahrungsmittel: Er ist also eine ideale Speise für alle, die abnehmen wollen. Der Kürbis ist reich an Vitaminen, an Beta-Carotin (Provitamin A) und anderen Antioxidantien sowie antikarzinogenen Substanzen. Ein weiterer Pluspunkt: Kürbisgerichte lassen sich schnell und dennoch raffiniert zubereiten.

Die Kürbispflanze

Die Kürbispflanze hat einen gewundenen, in der Regel haarigen Stengel und wächst als Bodendecker. Die Blätter sind groß und fingerförmig gelappt, mit einem unregelmäßig gezackten Rand an einem langen, ebenfalls rauh behaarten Blattstengel. Neben den Blattansätzen entwickeln sich Ranken, mit denen die Bodendeckerpflanze an geeigneten Rankhilfen nach oben klettern kann. Die Blüten besitzen eine gut ausgebildete, orangefarbene Blütenkrone in der Form halbierter Röhren.

Die Frucht ist länglich oder beerenförmig; das reife Fruchtfleisch ist gelb, mit unterschiedlichen Tönen von Hellgelb bis zu Tieforange; in der Mitte der Frucht liegen in einer Vertiefung die weißen, flach-ovalen Kerne. Bei den Kürbissen handelt es sich um eine sehr alte Gattung mit unzähligen Sorten, die sich anhand der Form, der Farbe und des Aussehens der Schale und des Fruchtfleisches unterscheiden lassen. Kürbisse sind außerordentlich leicht zu kreuzen, so daß zahlreiche unterschiedliche Sorten zu finden sind. Man darf sich also nicht wundern, daß die Nomenklatur der Kürbisse oft widersprüchlich ist, was auf die wissenschaftlichen wie die umgangssprachlichen Bezeichnungen gleichermaßen zutrifft.

In der Regel bezeichnet man mit *Cucurbita maxima* die gelben, rundlichen Kürbisse, mit *Cucurbita pepo* die länglichen Zucchini

(mit weiß-grünlichem Fruchtfleisch, die noch unreif geerntet und verzehrt werden). Des weiteren gibt es die Sorte *Cucurbita moschata* mit ihren gelben, länglichen Kürbissen. Bei dieser oder einer dieser sehr ähnlichen Sorte handelt es sich den Botanikhistorikern zufolge um den »Urtypus« des Kürbisses, aus dem sich alle anderen Sorten entwickelt haben.

Zum Abschluß sei noch der *Lagenaria-* oder Flaschenkürbis erwähnt, der hauptsächlich als Gefäß (nach dem Aushöhlen und Trocknen) auch für Flüssigkeiten Verwendung fand. Einige Sorten dieser Gattung sind eßbar, müssen dann aber vor der vollständigen Reife geerntet werden. Diese Kürbisart wurde bei uns gegessen, bevor der amerikanische Kürbis *(Cucurbita americana)* in Europa heimisch wurde.

Kleine Formen- und Farbenlehre

Die einzelnen Sorten der Gattung *Cucurbita maxima* haben sehr große Früchte (manchmal Dutzende Kilo schwer); sie sind

kugelförmig und an den Enden abgeflacht oder länglich; ihre Oberfläche ist glatt, gerippt oder auch unregelmäßig mit Warzen besetzt. Die Schale kann dunkelgrün, gelb, orange oder auch gräulich und zweifarbig sein. Das Fruchtfleisch ist fest, samtig, im allgemeinen nicht faserig und gelb bis dunkelorangefarben.

Die Sorten der Gattung *Cucurbita moschata* haben gemeinhin eine längliche, wenn nicht gar gekrümmte Form, eine glatte, gelb bis grün gemaserte Schale und ein gelb bis dunkelorangefarbenes, weiches Fruchtfleisch.

Zur Gattung *Cucurbita pepo* gehören insbesondere die zahlreichen Zucchinisorten, auf die wir im vorliegenden Buch nicht näher eingehen. Es gibt aber auch einige Winterkürbisse, die dieser Gattung angehören.

Bei den Sorten der Gattung *Lagenaria* (asiatischen und afrikanischen Ursprungs) handelt es sich in erster Linie um Zierkürbisse, die aber auch Gebrauchswert hatten. So wurden sie einst in ausgehöhltem und getrocknetem Zustand als Behälter etwa für Flüssigkeiten verwendet. Mit Sicherheit geht die heutige Form der Flasche auf diese Kürbisse zurück.

Die am weitesten verbreiteten Sorten

Marina di Chioggia *(C. maxima)*

Kugelförmig; an den Enden abgeflacht; gewöhnlich mit grüner, gerippter und warziger Schale und gelb bis orangefarbenem Fruchtfleisch; ein ausgesprochen wertvoller Speisekürbis.

Piacentina *(C. maxima)*

Kugelförmig; an den Enden abgeflacht; mit grün bis grau gefärbter, zumeist gerippter und warziger Schale; das Fruchtfleisch ist orange-gelb, fest oder mehlig und leicht faserig; ein ausgesprochen wertvoller Speisekürbis.

Mantovana *(C. maxima)*

Von ähnlichem Aussehen wie die vorangegangenen, d. h. an den Enden abgeflacht; mit sehr rauher und gerippter, grün bis grau gefärbter Schale; das orangefarbene Fruchtfleisch ist samtig und süß; eine hochwertige Sorte.

Mammutkürbis *(C. maxima)*

Runder als die bisher beschriebenen Sorten; mit orangefarbener Schale und gelbem Fruchtfleisch. Wie der Name schon sagt, kann die Frucht gigantisch groß werden und dabei ein Gewicht von über einem Doppelzentner erreichen.

Turbankürbis *(C. maxima)*

Wird auch »Priesterhut« oder »Türkischer Kürbis« genannt; er hat eine sehr eigentümliche Form, bei der die untere Kugelhälfte kleiner und oft auch anders gefärbt ist als die obere; wird hauptsächlich zur Zierde verwendet, die Frucht schmeckt aber auch gut.

Ungarischer Kürbis *(C. moschata):*
Besitzt eine längliche Form mit einer orange-, beigefarbenen und bis ins Violette gehenden Schale und gelbem Fruchtfleisch; ein wertvoller Speisekürbis.

Geigenkürbis *(C. moschata):*
Beigefarbene, geigenförmige Frucht mit glatter Schale und faserfreiem, wohlschmeckendem Fruchtfleisch.

Chioggia *(C. moschata):*
Wird in ganz Venetien *suca baruca* genannt. *Baruca* hat die Bedeutung von *verruca* (Warze) und bezeichnet das Aussehen der Schale.
Interessant ist eine weitere Etymologie, die das Wort *baruca* aus dem hebräischen *baruch* (heilig, heiliggesprochen) herleitet; sie verweist auf den anderen Namen, unter dem dieser Kürbis bekannt ist (*zucca santa,* heiliger Kürbis) und wäre ein Beleg für den hebräischen Einfluß auf die Sprache und die Küche dieser Gegend.

Piena di Napoli *(C. moschata):*
Zylindrische Form (kann bis zu 1 m lang werden); glatte Schale mit dunkelgrüner oder orangefarbener Färbung; dunkelorangefarbenes Fruchtfleisch mit länglichen Fasern; guter Speisekürbis.

Posaunenkürbis *(C. moschata):*
Anders als alle anderen wird er noch unreif geerntet; seine Früchte gleichen den Zucchini, sind aber größer und haben eine dickere Schale; das Fruchtfleisch ist weißlich, zart und schmackhaft.

Lagenaria *(Lagenaria leucanthera):*
Wird zum Verzehr sehr früh geerntet, wenn die Frucht noch nicht länger als 25 cm ist.

Weißer Kürbis *(C. pepo):*
Die aus Asien stammende Frucht ist in unreifem Zustand stachelig; wenn sie reif ist, wird die Schale glatt und sieht aus wie gewachst; die Form ist zylindrisch oder kugelig, das Fruchtfleisch mehlig und weißlich; wird frühreif geerntet.

EIN KURIOSUM
Das Innere eines Kürbisses der Sorte **Vegetable spaghetti** – aufgrund seines geringen Gewichts ist er jenseits des Atlantiks groß in Mode – sieht aus wie ein Berg Spaghetti. Und tatsächlich kann man das Fruchtfleisch nach dem Kochen (die reife Frucht muß 40 Min. kochen) als Gemüse oder auch mit einer Soße als »Nudeln« essen. Bei uns werden lediglich die Kerne angeboten, die Frucht selbst findet man nur sehr selten.

Nährwert

Der geringe Kaloriengehalt (17 kcal pro 100 g) in Verbindung mit Ballaststoffen und dem hohen Sättigungsgrad machen den Kürbis zu einem idealen Nahrungsmittel für alle, die abnehmen wollen. Hervorzuheben ist auch der hohe Gehalt an Beta-Carotin (dem Provitamin A) und Kalium.

Was das Beta-Carotin betrifft, so ist der Kürbis eine der reichsten natürlichen Quellen: Bereits 300 g Kürbisfleisch decken den empfohlenen täglichen Bedarf an Provitamin A, das vom Körper (je nach Bedarf und daher ohne die Gefahr einer Überdosierung) in Vitamin A (Retinol) umgewandelt wird.

Die Rolle von Vitamin A im Organismus ist vielfältig: Es trägt zum Aufbau der Haut und der Schleimhäute sowie zur Zellerneuerung bei. Als hochwirksames Antioxidans hemmt es die Bildung von freien Radikalen und wirkt so der Zellbelastung und der frühzeitigen Alterung entgegen. Daher spielt es auch für die Tumorprävention eine Rolle.

Zusammensetzung des gelben Kürbisses (pro 100 g Fruchtfleisch)

Wasser	Proteine	Lipide	Glyceride	Bal.stoffe [1]
(g)	(g)	(g)	(g)	(g)
94,60	1,10	0,10	2,7	0,8
Calcium	Phospor	Eisen	Natrium	Kalium
(mg)	(mg)	(mg)	(mg)	(mg)
30	40	0,7	7	350
Vit. B1	Vit. B2	Nic [2]	Beta-Carotin	Vit. C
(mg)	(mg)	(mg)	(mcg)	(mg)
0,03	0,06	1,82	280	13

17 kcal je 100 g   [1] *Ballaststoffe*   [2] *Nicotinsäureamid*

Die tägliche Nahrung sollte daher grundsätzlich Obst oder Gemüse, d. h. Beta-Carotin-Quellen beinhalten. Das meiste Beta-Carotin enthalten orangefarbene Früchte und Gemüse wie Aprikosen oder Karotten und Gemüse mit dunkelgrünen Blättern wie Brokkoli, Spinat, Mangold etc. Im Herbst und Winter können Kürbisse die Beta-Carotin-Versorgung sicherstellen. Beta-Carotin kann nur in Verbindung mit Fett vom Körper umgewandelt und als Vitamin A eingebaut werden; etwas Öl oder Sahne sollten deshalb bei der Zubereitung nie fehlen.

Nach den Kartoffeln sind Kürbisse das kaliumreichste Nahrungsmittel. Dieser Mineralstoff ist unerläßlich bei der Synthese verschiedener Enzyme im Organismus, für die Reizübermittlung in den Nervenbahnen und (gemeinsam mit Natrium) für die Regulierung des Wasserhaushaltes in den Zellen.

Ausgezeichnet sind auch die Nährwerte der Kürbiskerne, die 18,7 % Proteine, 50,5 % Fette, 24 % Kohlehydrate und 5,6 % Ballaststoffe enthalten. Darüber hinaus finden sich Spuren von Eisen, Zink, Phosphor und Vitaminen.

Heilwirkung

Der Kürbis wirkt erfrischend, abführend, entwässernd, aber auch beruhigend, abwehrstärkend und aufbauend. Früher setzte man den Kürbis zur Therapie von Verstopfung, Nieren-, Herz- und Darmerkrankungen ein, heute wird ihm zudem eine Schutzfunktion gegen Tumore zugeschrieben, die wohl auf den hohen Gehalt an Antioxidantien zurückzuführen ist.

Wie wir wissen, wurde der Kürbis zur Behandlung akuter Infektionen des Verdauungstraktes wie Katarrh, Ruhr oder Typhus verwendet. In Mantua sollen während der Cholera-Epidemie zu Beginn des 20. Jahrhunderts viele auf die volkstümliche Heilkunst vertraut haben, die in diesem Fall Kürbisdiäten und Kürbisaufgüsse empfahl. Sehr wahrscheinlich ging die Heilwirkung auf den hohen Gehalt an Kalium und Magnesium zurück. Diese Mineralstoffe helfen, einen geschwächten und ausgetrockneten Organismus schnell zu remineralisieren. Geholfen haben aber wohl auch die schleimfördernden und pektinhaltigen Substanzen des Kürbisses mit ihrer Wirkung auf den Verdauungstrakt.

Auch die traditionelle chinesische Medizin setzt den Kürbis (vor allem aus der Gattung des *Cucurbita moschata*) ein und schreibt ihm harntreibende, entgiftende und wasserentziehende Effekte, aber auch eine lindernde Wirkung bei Husten und *Asthma bronchiale* zu.

Der größte therapeutische Nutzen der Kürbiskerne liegt in ihrer entwurmenden Wirkung, dies vor allem bei Bandwürmern. Diese Wirkung beruht auf einer Aminosäure (Cucurbitin), die den Wurm lähmt und so seine Loslösung von der Darmwand bewirkt. Der Vorteil der Kürbiskerne im Vergleich zu anderen, stärkeren Wurmmitteln liegt darin, daß sie absolut keine Nebenwirkungen haben und man sie ohne Bedenken auch Kindern verabreichen kann, bis sich der gewünschte Effekt einstellt.

Die Volksheilkunde schreibt den Kürbiskernen noch eine andere Wirkung zu, mit der eher Erwachsene liebäugeln, die aber wesentlich schwerer nachprüfbar ist: Kürbiskerne sollen ein wirksames Aphrodisiakum sein.

Alles ist eßbar

Der Kürbis hat eine Eigenschaft, die er nur mit wenigen anderen Gemüsesorten teilt: Man kann tatsächliche alle Teile der Pflanze essen. Die zartesten Blätter und Triebe kann man entweder ausbacken oder in einer Suppe mitkochen. Eine regelrechte Spezialität sind die Blüten, die männlichen ebenso wie die größeren weiblichen. Kürbisblüten unterscheiden sich von Zucchiniblüten darin, daß sie an einem Stiel wachsen. Fritiert, mit einer Füllung aus einer vom Salz gereinigten Sardelle, einem Stückchen Mozzarella oder auch einer reichhaltigeren Masse schmecken sie ausgezeichnet. In jedem Fall aber sollte man sie vor dem Fritieren in Teig wenden. Man kann die Blüten auch in einem Salat essen oder sie unter ein Risotto oder eine Gemüsesuppe rühren. Wichtig ist in jedem Fall, daß sie ganz frisch sind. Natürlich ißt man das Fruchtfleisch in den verschiedensten Varianten, wie die Rezepte zeigen. Die gerösteten und leicht gesalzenen Kerne waren einst ein sehr beliebtes Knabberzeug. Die sogenannten *bruscolini* wurden in Italien mit Vergnügen während einer Kino- oder Zirkusvorführung verzehrt.

In diesem Buch finden sich für die Verwendung der Kürbisschale ein Rezept von Nizzoli sowie ein altes, sehr ähnliches Rezept: marinierte Kürbisschalen. In Süditalien und vor allem in Kalabrien wurde die Kürbisschale, oder besser gesagt der weiße Teil der Schale, in Streifen geschnitten und an einer Schnur vor dem Fenster zum Trocknen in der Sommersonne aufgehängt. An den Tagen, an denen sonst nichts zum Essen da war, wurden die Stücke in Wasser eingeweicht, in Salzwasser gekocht und in Mehl gewendet ausgebacken. Das in sehr schlechten Zeiten gebräuchliche Trocknen von Kürbis- und Melonenschalen ist heute nicht mehr üblich. Auch marinierte Kürbisschalen sind heute nur mehr eine exotische kulinarische Angelegenheit. Dennoch machen diese Beispiele deutlich, wie gut der Kürbis sich nutzen läßt. Nichts wegwerfen war schon immer typisch für die bäuerliche Kultur. Ein italienisches Sprichwort sagt: »Nur der Stengel bleibt übrig, und der brennt gut im Ofen.«

Kürbiskauf

Die ersten Kürbisse kommen im Juni auf den Markt. Es handelt sich dabei um frühreife Sorten mit runden, mittelgroßen Früchten mit gelbem, süßem und duftendem Fruchtfleisch. Im Sommer (Reifezeit Juli) gibt es alle Kürbisse, die im Süden und hier vor allem in Italien angebaut werden.

Wegen seiner Größe sollte man keinen ganzen Kürbis kaufen. Nehmen Sie ihn lieber in frisch geschnittenen Scheiben. Falls bereits verpackte Kürbisscheiben angeboten werden, achten Sie auf das Verpackungsdatum. Bei Scheiben wie bei ganzen Kürbissen muß die Schale unversehrt, schön fest und frei von faulen Stellen, die Kerne dürfen noch nicht schwarz geworden sein. Gegen Ende des Sommers kommen die typisch norditalienischen Kürbisse auf den Markt, die Sorten *Marina di Chioggia* und *Piacentina*. Sie können im Ganzen (sie wiegen zwischen 3 und 5 kg) oder in Stücken gekauft werden. Ganze Kürbisse erstehen Sie nur, wenn die Schale unverletzt, ohne weiche oder faule Stellen ist. Bei Stücken prüfen Sie, ob das Fruchtfleisch fest und mehlig ist. Es sollte eine gelbe oder dunkelorange Farbe haben. Kaufen Sie keine Kürbisse, deren Fruchtfleisch grünliche Stellen aufweist. Wer seinen Händler gut kennt, kann ihn fragen, ob er ein Stück probieren darf, denn gute Kürbisse schmecken auch roh!

Vorbereitungen

Ganz allgemein lassen sich die Kürbisse unter gastronomischen Gesichtspunkten zwei großen Gruppen zuordnen: Es gibt solche mit festem, kompaktem Fruchtfleisch und ausgesprochen zuckrigem Geschmack sowie faserige, wasserhaltigere Kürbisse. Die Kürbisse der ersten Gruppe eignen sich ebenso wie Kartoffeln für die Zubereitung von Pürees, Füllungen und zum Fritieren.

Die Kürbisse der zweiten Gruppe eignen sich dagegen besser für Suppen, Soßen und zum Marinieren.

Für eine Vielzahl von Kürbisrezepten benötigt man vorgekochtes Kürbisfleisch, das sich auf verschiedene Weisen zubereiten läßt. Das gekochte und pürierte oder durchpassierte Kürbisfleisch ist die Basis für einfache Pürees, Nudel- oder Tortenfüllungen, Gnocchi, Aufläufe, Torten, Desserts und vieles mehr.

TIPS RUND UM DEN KÜRBIS

❧ Einen ganzen Kürbis mit dem Messer zu zerteilen ist eine ziemlich mühsame Angelegenheit. Am einfachsten öffnen Sie einen Kürbis, indem Sie ihn auf den Boden fallen lassen (dies allerdings auf dem Balkon oder im Garten und nicht in der Küche!): Er zerfällt exakt in zwei Teile.

❧ Wird für ein Rezept passiertes Fruchtfleisch benötigt, sollten Sie daran denken, es frühzeitig zuzubereiten.

❧ Benötigen Sie für ein Rezept gewürfeltes Kürbisfleisch, wäre es reine Kraftverschwendung, den rohen Kürbis als Ganzes zu schälen. Sehr viel leichter ist es, den Kürbis in nicht zu dicke Scheiben zu schneiden und die Schale dann auf einem Schneidebrett von oben nach unten abzuschneiden.

❧ Alle länglichen Kürbisse und einige weitere Sorten enthalten sehr viel Wasser. Um sie zu entwässern, legen Sie die Scheiben für einige Stunden in Salzwasser. Anschließend gut abtrocknen.

Kochen

Den in gleich große Stücke geschnittenen Kürbis in kochendes Salzwasser geben und darauf achten, daß das Fleisch nicht zu weich wird und zerfällt. Das an Mineralien reiche Kochwasser kann für Suppen und Eintöpfe verwendet werden.

Dämpfen

Diese Garweise ist dem Kochen in Salzwasser vor allem dann vorzuziehen, wenn man für das Kochwasser keine Verwendung mehr hat. Die gleichmäßig großen Kürbisstücke in ein Sieb legen, das in einem Topf mit Wasser hängt, ohne daß das Gemüse mit dem Wasser in Berührung kommt. Wasser zum Kochen bringen, Sieb mit den Kürbisstücken hineinhängen und den Topf gut verschließen.

LAGERUNG

✍ Ganze Kürbisse lassen sich monatelang aufbewahren, vorausgesetzt, die Temperatur sinkt nicht unter 6–8 °C. Gefriert das Fruchtfleisch, beginnt es zu faulen.

✍ Kürbisscheiben sollten innerhalb von drei bis vier Tagen gegessen werden. Am besten bewahren Sie sie im Gemüsefach des Kühlschranks auf. Wenn nicht, sollten sie zumindest lichtgeschützt gelagert werden, da das im Kürbisfleisch reichlich enthaltene Beta-Carotin sehr lichtempfindlich ist.

✍ Gedämpftes oder im Ofen gegartes Kürbisfleisch kann im Gefrierschrank als Basis für Pürees, süße und herzhafte Kuchen, Füllungen etc. aufbewahrt werden. Am besten eignen sich dazu Kürbissorten mit festem, mehligem Fruchtfleisch.

Backen

Wenn seine Größe es zuläßt, kann der Kürbis als Ganzes gegart werden. In diesem Fall den Stielansatz entfernen und den Kürbis auf den Kopf gestellt backen. Den Boden des Backofens mit Aluminiumfolie zum Auffangen des Safts auslegen. So gegart bleibt das Fruchtfleisch schön trocken.

Auf diese Weise kann man auch Kürbisstücke garen. Man sollte sie aber mit Aluminiumfolie abdecken, damit sie an den Schnittflächen nicht zu trocken werden.

Der so gegarte Kürbis kann auf vielfältige Weise weiterverarbeitet werden. Sie können ihn aber auch sogleich warm mit etwas frischer Butter oder einem Spritzer Öl und einer Prise Salz essen.

Mikrowelle

In der Mikrowelle gart man den Kürbis am besten in Scheiben. Die Scheiben in diesem Fall nicht mit Aluminium-, sondern mit Mikrowellenfolie abdecken. Auf diese Weise bleibt das Fleisch schön saftig.

Fritieren

Kürbisse mit mehligem oder festem Fleisch kann man in feine Scheiben geschnitten genau wie Kartoffeln in heißem Öl ausbacken. Wasserhaltigere Kürbisse müssen zuvor entwässert und dann in Mehl oder in einem Teig gewendet werden, damit sie nicht zerfallen.

Schmoren

Kocht man das Kürbisfleisch für längere Zeit im geschlossenen Topf, so zerfällt es und liefert eine gute Soße zu Nudeln, Reis oder anderem Getreide.

Grillen

Kürbis in gleichmäßige Stücke schneiden und von beiden Seiten kurz grillen. Dann mit Olivenöl, Salz und einem Schuß aromatischem Essig anrichten.

Gewürze und Kräuter für Kürbisgerichte

Pfeffer, Muskatnuß, Rosmarin, Salbei, Lorbeer

Variationsmöglichkeiten:

Majoran, Oregano, Thymian, Basilikum, kleine

Pfefferschoten

Für Süßspeisen:

Zimt, Gewürznelken, Sternanis, Ingwer

Kürbisgerichte von Platina bis Artusi (15. bis 19. Jh.)

PLATINA
(BARTOLOMEO SACCHI)
**De la honesta voluptate
et valitudine**
VENEDIG, 1487

Der Kürbis

Meist ist der Kürbis rund, weniger häufig ist er schlangenförmig. Er wächst auf feuchten Böden und rankt gerne nach oben. Es wird erzählt, daß Kürbisse bis zu neun Fuß lang wurden. Die Ärzte der Antike behaupten, der Kürbis sei gefrorenes Wasser: In der Tat ist seine Natur kalt und feucht. Als Speise verwendet, weitet der Kürbis den Magen, vertreibt den Durst, schadet aber dem Gedärm. Die länglichen Kürbisse sind weniger schädlich. Die Bauern höhlen die größten Kürbisse aus und trocknen sie im Rauch. Darin bewahren sie die Gemüsesamen auf. Die noch jüngeren und weicheren Kürbisse schälen sie, schneiden sie in längliche Streifen und trocknen sie, um sie im Winter zu essen.

Gebratener Kürbis

Schäle den Kürbis, und schneide ihn in dünne Scheiben. Koche diese einen Augenblick, nimm sie dann vom Ofen, und lasse sie auf einem Schneidebrett etwas trocknen. Wende sie in Mehl und Salz, und brate sie in Öl. Leg sie dann auf den Teller, und gieße eine Soße aus Knoblauch, Fenchel und in Weinessig zerriebenem Brot darüber. Die Soße soll nicht zu dickflüssig sein. Es wäre gut, sie durch ein Sieb zu rühren. Man kann diese Soße auch nur mit Essig und Fenchelblüten zubereiten. Bevorzugst du sie gelb, so mische noch Safran darunter.

Kürbissuppe

Laß einen in Stücke geschnittenen Kürbis in Brühe oder in Wasser mit etwas Zwiebeln kochen. Gieße das Ganze ab, und laß die Stücke in fetter Brühe, etwas Essig und Safran kochen. Nimm den Topf nach einer Weile vom Feuer, laß die Suppe kalt werden, und mische zwei mit etwas reifem, zerriebenem Käse vermengte Eigelb darunter. Rühre weiter, damit sich keine Klümpchen bilden. Gieße die Suppe in die Suppenschüsseln, und streue Gewürze in Pulverform darüber.

Kürbis mit Milch

Koche den Kürbis gar, seihe ihn in einem Sieb oder mit einem Tropflöffel ab, und lasse die Stücke in einem Topf mit Mandel- oder Ziegenmilch kochen. Je nach Geschmack der Gäste gib entweder Essig oder Zucker dazu.

Kürbis auf katalanische Art

Wasche den Kürbis gut, und stelle ihn in einem Topf mit Speck auf das Feuer. Laß ihn vier Stunden kochen, und rühre oft um. In denselben Behälter gibst du noch mit Safran gefärbte und mit Zucker und Gewürzen verfeinerte fette Brühe. Es gibt Leute, die noch zwei mit Essig und geriebenem Käse geschlagene Eier dazugeben, wie ich es weiter oben bereits erläutert habe.

Kürbistorte

Wasche den Kürbis gut, und zerhacke ihn wie Käse. Laß ihn dann in etwas fetter Brühe oder in Milch kochen. Ist er halb gar, drücke ihn durch ein Sieb, und vermische ihn mit eineinhalb Pfund Quark, einem halben Pfund gekochtem und geschnittenem Schweinebauch oder mit ebensoviel Schmalz oder Butter, einem halben Pfund Zucker, etwas Ingwer, etwas Safran, sechs Eiern und zwei Tassen Milch. Vermische alle Zutaten gut, und gib die Masse in einen mit Teig ausgelegten Tontopf. Laß alles bei kleiner Flamme von oben und unten backen. Einige legen noch Teigstreifen darüber und nennen es Lasagne. Ist der Kuchen fertig, stürze ihn auf einen Teller, und streiche Zucker und Rosenwasser darüber. Cassius, der an Steinen und Koliken litt, hütete sich vor dem Genuß dieser Torte. In der Tat ist sie schwer und wenig nahrhaft.

BARTOLOMEO SCAPPI
Opera di B. Scappi,
cuoco secreto di Papa Pio V
(Werke des B. Scappi,
Geheimkoch Papst Pius' V.)
VENEDIG, 1570

Wie man eine Kürbissuppe mit Zwiebeln auf verschiedene Arten zubereitet.
Man nehme den Kürbis und die Zwiebel und koche sie so lange in Wasser, bis die Zwiebel gar ist. Man nehme alles aus dem Wasser und gebe es in ein Sieb, wo es abtropfen kann. Dann nehme man geriebenen Parmesankäse und frischen Provatura (Weichkäse), zermahle alles im Mörser, gieße es mit kalter Brühe auf, passiere es durch ein Sieb, gebe alles in eine Kelle oder in eine Pfanne mit geschmolzenem Schmalz, dem Kürbis, der Zwiebel, und lasse alles

sehr langsam auf dem Feuer kochen. Dabei zerstoße man die Kürbisstücke mit einem Holzlöffel und rühre ständig um, während man einen Kochlöffel voll sehr fetter Brühe oder flüssiger Butter und feinen Zucker hinzufüge. Wenn alles so lange gekocht ist, daß es nicht mehr flüssig, sondern ziemlich fest ist, serviere man die Suppe, streue Zucker darüber und spritze etwas Rosenwasser darauf.
Man könnte den Kürbis auch in einer anderen Weise zubereiten, nämlich wie folgt. Nachdem die Kürbisstücke in Fleischbrühe mit Schinken oder gesalzenem Bauchspeck halb gargekocht sind, nehme man sie heraus und hacke sie mit einem Messer auf einer Holztafel, die nicht aus Nußbaum sein darf. Dann brate man sie in einer Pfanne mit Schmalz oder ausgelassenem Speck und vermische sie mit dem Holzlöffel. Wenn die Stücke fertig gebraten sind, gebe man sie in einen Topf mit fetter Brühe. Inzwischen verrühre man das Eigelb mit klarem Essig, Pfeffer, Zimt, Zucker und Safran, gebe alles in den Topf, lasse es unter ständigem Rühren aufkochen und serviere es dann mit Zucker und Zimt. Oder man kocht die Stücke nach dem Braten in gezuckerter Ziegen- oder Kuhmilch.

Wie man verschiedene Suppen mit türkischem Kürbis macht.
Man nehme einen türkischen Kürbis, der von Oktober bis April auf dem Markt ist, schäle ihn, entferne das Innere, schneide ihn in Stücke und lasse ihn kochen. Ist er gar, hacke man ihn mit dem Messer und koche ihn in Fleischbrühe. Dann gebe man geschlagene Eier und, je nach Geschmack, auch Zwiebeln dazu.
Es sei darauf hingewiesen, daß die harten Kürbisse besser sind. Sie müssen an einem trockenen und luftigen Ort aufbewahrt werden und dürfen nicht verletzt sein, weil sie sonst faulen. Aus den Kürbissen von Savona kann man auf diese Weise getrocknete Kürbisschalenstücke zubereiten. Sie werden in warmem Wasser gekocht, nachdem man sie in kaltem Wasser eingeweicht hat.

Wie man die oben erwähnten Kürbisse als Ganzes im Ofen garkocht und mit verschiedenen Zutaten füllt.
Will man Kürbisse kochen, schäle man sie vorsichtig, ohne sie zu zerbrechen, und schneide am Blütenansatz oder am Stengel ein Loch hinein. Die abgeschnittene Scheibe hebe man auf.
Dann entferne man mit einem geschliffenen Eisen das Innere und

fülle den Hohlraum mit einer Mischung aus gehacktem mageren Kalb- oder Schweinefleisch, ebensoviel Speck und Schinken und gebe dann noch Käse, Eigelb, Rosinen, gewöhnliche Gewürze sowie Safran dazu. Wenn man ausgelöste gefüllte Hühnchen oder kleine Tauben hat, gebe man sie mit besagter Mischung in den Kürbis.
Ist die Frucht voll, verschließe man das Loch, stelle sie in einen Topf, in dem sie sich nicht bewegen kann, und gieße sie halbhoch mit Brühe auf, die mit Schinkenstückchen oder gesalzenem Schweinebauch verfeinert wird. In die Brühe gebe man Pfeffer, Zimt und Safran und lasse alles bei geschlossenem Topf kochen, damit das Aroma nicht entweichen kann.
Ist die Füllung durch, gieße man Brühe nach und lasse weiter kochen. Wenn alles fertig ist, gieße man die Brühe ab und gebe den Kürbis auf einen großen Teller. Drum herum drapiere man die Schinken- oder Schweinebauchstückchen. Man könnte besagten Kürbis auch mit Milch, geschlagenen Eiern, Zucker und Schinkenwürfeln füllen, oder die Schale nicht entfernen, das Innere herausgraben und sorgfältig am Boden und am Rand mit Schinkenscheiben auslegen und den Kür-

bis mit gelber Hirnwurst oder einer anderen Füllung füllen. Oder man nehme entbeinte kleine Tauben, Hühnchen, Wachteln oder andere Geflügelsorten, die man mit Pfeffer, Zimt, Nelken und Muskatnuß bestäubt, lege sie nacheinander in den Kürbis, gebe die Hirnwurstfüllung hinzu und bedecke das Geflügel mit einer Scheibe Kalbfleisch, das ebenso gewürzt wird.

Dann verschließe man den Kürbis mit dem Deckel der Schale, wickle ihn in Papier und verschließe ihn mit einer Schnur. Dann gebe man den Kürbis in den Ofen, der nicht ganz so heiß wie zum Brotbacken sein soll.

Man stelle den Kürbis auf ein Kupferblech oder eine Keramikplatte, und zwar so, daß er die Hitze von allen Seiten empfängt.

Wenn der Kürbis fertig ist, also wenn er circa zwei Stunden, je nach Größe, im Ofen war, nehme man ihn sorgfältig und ohne ihn zu brechen heraus, entferne das Papier, tausche den Deckel durch ein frisches, mit Zweigen verziertes Kürbisstück aus, und serviere ihn den Gästen warm.

Im Kürbis kann man auf diese Weise auch anderes Fleisch oder Gemüse kochen.

CRISTOFORO MESSISBUGO
Libro novo nel quale s'insegna a far d'ogni sorte di vivanda
(Neues Buch, in dem unterrichtet wird, wie man jede Art von Speise zubereitet)
VENEDIG, 1571

Um eine Torte aus frischen Kürbissen zu machen
Nehme die Kürbisse, schäle sie und reibe sie, wie Käse, dann koche die Kürbisse in einer fetten Brühe mit einem Pfund Ochsenmark oder Rinderfett, aber nicht zu lange. Dann drückst du sie durch ein Sieb und gibst sie in eine Schüssel mit einem Pfund geriebenem Hartkäse, zwei Pfund Ricotta, sechs Eiern, einem Glas Milch, einem halben Pfund Zucker, einer halben Unze Zimt, einer Viertelunze Pfeffer, einem Achtel Ingwer und etwas Safran. Dann mischst du alles gut durch, machst deine Torte, legst sie auf vier Unzen Butter und backst sie.
Wenn sie fast fertig ist, gibst du drei oder vier Unzen Zucker darüber und backst sie fertig. Und an den fleischlosen Tagen kochst du die Kürbisse mit Butter in Wasser oder in Milch. Und anstelle von Mark oder Fett gibst du Butter dazu.
Die oben erwähnten Torten sind zweifelsohne eines großen Fürsten oder eines besonderen Gasts würdig. Macht man sie gewöhnlich und nimmt nur etwas mehr als die Hälfte der Gewürze, so wird man sie immer noch als gut befinden.

Um Kürbisschalen einzumachen, um sie bis zur Fastenzeit aufzubewahren
Nimm die Menge, die dir dünkt, und schäle sie und lege sie für fünfzehn oder zwanzig Tage in gesalzenen Weinessig. Dann nimmst du sie aus dem Essig und legst sie in einen Topf mit Wasser und kochst sie gut auf. Danach legst du sie in einen anderen Topf mit kaltem Wasser und läßt sie solange darin, bis sie abgekühlt sind. Dann nimmst du sie und legst sie auf ein Brett und bedeckst sie mit einem anderen Brett, das du beschwerst. Und so läßt du sie einen Tag. Dann gibst du sie in einen Topf und kochst sie in soviel Most, daß sie bedeckt sind. Achte darauf, daß sie nicht zerkochen. Dann wirfst du sie in eine Urne und gießt den Most hinzu, in dem sie gekocht haben. So läßt du sie zwanzig Tage lang. Dann nimmst du einen anderen Topf, nimmst sie aus der Urne und legst sie in den Topf. Dazu gibst du, je nach der Menge, Honig und Most und Zimt, Pfeffer, Ingwer und Safran sowie Rosmarinspitzen und Salbei. Koche sie kurz. Dann schütte sie mit dem Saft in die Urne zurück, und sie sind fertig. Wenn du die Ausgabe nicht scheust, lege sie nur in Honig.

BALDASSARRE PISANELLI
Trattato della natura dei cibi e del bere
(Traktat über die Natur der Speisen und der Getränke)
CARMAGNOLA, 1589

Vom Kürbis. Kap. XCVIII
Er soll frisch, weich, grün und leicht und süß sein. Er bekommt den Cholerikern, vermindert den Durst, wenn man ihn in Essig kocht, & erfrischt die Leber. Er schadet den Kaltblütigen und den Phlegmatikern, erzeugt starke Winde & Flüssigkeit, & daher schwächt er den Magen. Man tischt ihn mit Senf, mit Pfeffer und mit Essig, oder aber mit warmen Kräutern wie Zwiebeln & und Petersilie auf. Er ist kalt & feucht, im zweiten Grad.
Bei Hitze ist er für die Jugend gut & für jene, die über eine warme Verfassung verfügen.

Naturgeschichte
Der Kürbis ist ein schlechtes Nahrungsmittel, und er zersetzt sich und

verwandelt sich in jenen Saft, den er im Magen vorfindet, und er verdaut langsam, weil er geschmacklos ist; er nimmt den Geschmack und das Wesen der Dinge an, mit denen man ihn anmacht. Er schadet dem Gedärm, besonders dem Dickdarm, und verursacht daher Koliken. Ißt man ihn in großen Mengen, verursacht er Bauchdrücken, ißt man ihn roh, verdirbt er den Magen, daß man sich nur durch Erbrechen helfen kann. Gar gekocht ist er um einiges besser. Einige Arten des Kürbis halten den ganzen Winter, doch sind sie eine Armeleutespeise. Die Dichter bezeichnen ihn als schwer, grün, rund, windig, drückend und körnig. Sein lateinischer Name ist Cucurbita, die Spanier nennen ihn Calabazza.

Anmerkung XCVIII
Einige Autoren berichten, daß der Kürbis nicht so schädlich wie die Wassermelone sei, wenn man seine Wäßrigkeit mit geeigneten Mitteln korrigiere; & die Mediziner behaupten, daß es nichts Besseres zur Linderung von brennendem Fieber und von Durst gebe und daß es den Körper erleichtere, wenn man häufig den Saft von Kürbis trinkt.
Ohne Wasser gekocht, in einem frischen Tongefäß, mit Zucker

angefüllt, in den Ofen gestellt, wird er am besten. Es ist erwiesen, daß im Feuer getrocknete Kürbisschale, fein zerstoßen, Gliederfäulnis heile, wenn man das Pulver darüber streut. Die Blätter, auf die Brüste der Frauen gelegt, vertreiben die Milch, & ihr Feuer vertreibt die Fliegen von den Tieren, damit sie diese nicht mehr quälen. Der Wein, den man in einen ausgehöhlten Kürbis schüttet und eine klare Nacht lang darin läßt & dann trinkt, besänftigt den Körper.

ANTONIO FRUGOLI
Pratica scalcaria
(Die Kunst der Zubereitung und des Servierens)
ROM 1638

Kürbisse und ihre Eigenschaften und ihre Verwendung in der Küche
Die Kürbisse sind im zweiten Grad kalt, & feucht, und die besten sind die länglichen; sie helfen den Cholerikern, erfrischen die Leber und bewegen den Körper und wirken gegensätzlich bei den Phlegmatikern & bei denen, die an Koliken leiden, und an Bauchschmerzen, aufgrund der Winde, die sie hervorrufen, und schaden dem Gedärm; gebraten sind sie besser und sehr viel gesünder als

gekocht, weil sie dann weniger feucht & wäßrig sind. Die gekochten werden mit Aromen gereicht, und man kocht sie in guter Fleischbrühe, die man mit Eiern bindet, oder in Mandelmilch mit Pinienkernen, und man macht sie auf verschiedene Weise an, wie weiter unten zum Großteil angeführt wird. Die Kürbisse können auf alle nur erdenkliche Weise angerichtet und zu Speisen verarbeitet werden, wie man sie auch von den Melonen macht; man kann sie kandieren, wie es in Genua der Brauch ist, man kann sie mit Mehl braten, nachdem man sie in feine Scheiben geschnitten und ihrer Flüssigkeit entledigt hat; und man serviert sie warm mit Pomeranzensaft oder mit Weinessig darüber oder mit Knoblauch oder mit Mandelgeschmack, der mit Weinessig gemildert wird & auf all diese Arten kann man die Genueser Kürbisstreifen zubereiten, nachdem sie in lauwarmem Wasser eingeweicht wurden, die gut zu Tomaten passen, die man in guter Brühe gekocht hat, mit Hirnwurst oder anderen Wurstsorten, mit Käsestückchen oder mit entsalzenen Genueser Pilzen, mit geriebenem Käse gereicht und verschiedenen Gewürzen darüber, wie ich an der entsprechenden Stelle ausgeführt

habe. Und die länglichen und weichen Kürbisse kann man mit gehacktem Fleisch, mit Pinienkernen und Rosinen füllen & mit Essig und Ei & mit fein geschnittenen Kräutern und ausreichend Gewürzen darin, oder mit Quark, mit feinen Kräutern und Eiern verrührt und mit geriebenem Käse aus Parma darin, mit Gewürzen und ausreichend Zucker, und serviert mit geriebenem Käse und Zimt darüber, als Abdeckung, & ferner auch zu einer Suppe verarbeiten.

BARTOLOMEO STEFANI
L'arte di ben cucinare ...
(Die Kunst, gut zu kochen ...)
MANTUA, 1662

Suppe aus Kürbisblüten, Quark und Trauben
Du nimmst die Kürbisblüten und kochst sie in Brühe, und gegart gibst du sie in einen Topf mit Kapaunbrühe und fügst Quark hinzu. Dann nimmst du die sauren Trauben, die dreimal pro Jahr wachsen, denn ihre Früchte sind groß und hart und haben viel Fleisch, entfernst die Schale und die Kerne. Dann nimmst du noch zwei Unzen geriebenen Parmesankäse und zwei Eier und vereinst alles zur besagten Suppe.

Kürbissuppe

Du nimmst den in Brühe gekochten Kürbis und drückst ihn durch ein Sieb. Dann nimmst du sechs Unzen Mandeln, im Mörser zerstoßen, vermischst sie mit abgeseihter Milch und stellst den Kürbis in fetter Kapaunbrühe auf das Feuer.

Kurz bevor der Kürbis gar ist, mischst du vier Eigelb und den Saft von vier Orangen unter.

ANTONIO NEBBIA
Il cuoco maceratese
(Der Koch aus Macerata)
VENEDIG, 1783

Kürbis, auf verschiedene Arten zubereitet

Nehmt den Kürbis, säubert ihn von den Kernen und von der Schale, schneidet ihn in Würfel; bratet sie mit kleingehackten Zwiebeln, Kräutern, Majoran und Basilikum, alles fein gehackt, nehmt einen Topf, gebt zwei Unzen Butter, Salz und süße Gewürze hinein; wenn er fast gekocht ist, nehmt einen Teller, fettet ihn mit Butter und geriebenem Parmesankäse ein und legt abwechselnd eine Lage Kürbis und eine Lage Käse darauf.

Seid ihr damit fertig, verrührt ein Ei mit Salz und vergoldet damit den Kürbis und streut nochmals Käse darüber; säubert den Teller, stellt ihn auf den Landofen, mit dem Feuer oben, bis alles gut warm ist, und serviert ihn warm.

Dieses Gericht dient als Vorspeise.

Kürbis nach Polenta-Art

Gart den Kürbis in Salzwasser wie zuvor, gießt ihn ab, nehmt einen Topf, und gebt ihn mit zwei Unzen Butter, Basilikum und zwei zerstoßenen Nelken hinein und laßt alles braten; dann passiert alles durch ein Sieb.

Danach fettet eine Form am Boden und seitlich aus, schneidet eine Blatt weißes Papier so, daß es den Boden der Form bedeckt, fettet das Papier oben und unten ein, legt es in die Form und bestreut das Innere der Form mit geriebenem Brot.

Dann nehmt ein halbes Pfund geseihten Zucker, zehn Eigelb, acht Unzen Parmesankäse und zwei Unzen Butter, und vermischt alle Zutaten gründlich und schüttet alles in die Form, stellt diese in die glühende Asche und bedeckt sie seitlich und oben mit der besagten Asche.

Wenn alles fertig ist, stürzt den Inhalt der Form auf einen Teller und serviert ihn warm.

Kürbis auf Piemonteser Art, fett

Nehmt den Kürbis, reinigt ihn und schneidet ihn in Würfel, gebt ihn in einen Topf mit Butter, Zwiebelchen, gehacktem Basilikum; gebt die Kürbiswürfel nach dem Anbraten in einen Topf mit Salz und Zimtpulver und laßt sie kochen, ohne daß sie zerfallen.

Dann nehmt einen anderen Topf mit drei Unzen Butter, gebt etwas Mehl hinein und laßt es auf dem Ofen unter ständigem Rühren mit einem Holzlöffel zimtbraun werden, schüttet einen Schöpflöffel gute Brühe dazu, so daß sich eine zähflüssige Soße ergibt.

Nehmt den Topf vom Feuer, und fettet den Teller ein, auf dem ihr servieren wollt. Streut zuvor geriebenen Parmesankäse darauf, macht aus den Kürbiswürfeln eine Schicht und gebt mit einem Kochlöffel die Soße darüber und so weiter, bis ihr den Kürbis aufgebraucht habt, nehmt dann zwei Eier, schlagt sie gut und streicht den Kürbis damit oben und an der Seite ein, schiebt den Teller in den Ofen, bis sich eine Kruste bildet; das Gericht wird warm serviert; dabei soll der Tellerrand gut gesäubert werden.

VINCENZO CORRADO
Il cuoco galante
(Der galante Koch)
NEAPEL, 1786

Mit Limettensoße

Zunächst entledigt man die Kürbisse ihrer Schale und der Kerne, dann schneidet man sie in kleine Scheiben, die man mit Salz bestreut, wodurch sie ihre Schädlichkeit verlieren.

Nach dem Entwässern wendet man sie in Mehl und brät sie in Schmalz oder Öl, und man serviert sie mit einer Soße aus kandierten Limetten, in Zitronensaft aufgelöst.

Gebraten

Man schneidet die Kürbisse in Stücke und brät sie mit Butter und Gewürzen. Dann zerstößt man sie und vermischt die Masse mit Ricotta, Käse, Eiern, Gewürzen und etwas Zucker. Daraus formt man kleine Portionen, die man in Mehl wendet, goldgelb brät und warm serviert.

Als Creme

Nach dem Braten mit Butter und Gewürzen zerstoße man den Kürbis und drücke ihn durch ein Sieb. Dann vermische man die Masse mit Milch, Eigelb, Zimt und Muskatnuß und reduziere sie zu einer Creme, die man über Brotkrusten serviert.

Als Pudding

Man kann einen Pudding machen, wenn man den mit Butter und Gewürzen gebratenen Kürbis zerstößt und durch ein Sieb drückt, dann mit Ricotta, Sahne, Eigelb, Zimtpulver und etwas geriebenem Brot vermischt und eindickt. Eingedickt gebe man alles in einen mit Butter gefetteten und mit geriebenem Brot bestreuten Topf und lasse es kochen; das serviere man dann warm.

Von den Kürbisblüten

Kürbisblüten kann man gebraten oder gefüllt reichen. Sie werden in Mehl gewendet oder in Pfannkuchenteig goldgelb gebraten. Man füllt sie in all den Arten, die wir beschrieben haben, als wir von den länglichen Kürbissen sprachen.

ANONYM

Il cuoco Pietmontese ridotto all'ultimo gusto e perfezione

(Die piemontesische Küche, auf den neusten Geschmack und Stand der Technik gebracht)
MAILAND, 1805

Vom Kürbis

Den Kürbis reicht man in verschiedenen Arten; doch gebe ich keine Beschreibung, weil er nicht allen schmeckt, ich erwähne nur, wie man mit Milch eine Suppe macht: Laßt ihn in Wasser kochen; wenn nur noch wenig Wasser übrig ist, gebt Milch, ein Stück Butter, Salz und, wenn ihr wollt, Zucker dazu, taucht das Brot ein, laßt ihn aber nicht mehr aufkochen. Wollt ihr den Kürbis braten, nachdem er gekocht wurde, gebt ihn mit etwas Butter, Zwiebelchen, Salz und Pfeffer in eine Pfanne, und wenn er eine Viertelstunde gebraten hat und kein Saft mehr übrig ist, mischt drei Eigelb und Sahne oder Milch darunter.

Kürbis mit Parmesan

Putzt und schneidet den Kürbis in Würfel, und kocht ihn mit Salz gar. Gießt ihn ab, und nehmt einen Topf mit zwei Unzen Butter, legt die Kürbiswürfel mit Salz und süßen Gewürzen hinein und bratet sie unter mehrmaligem Rühren. Gebt die Würfel auf einen Teller, und verfeinert sie wie Maccheroni, also mit Parmesankäse und Butter, stellt sie in den Landofen mit der Flamme von unten und von oben und überbackt die Kürbiswürfel.

Im Ofen gebackener Kürbis

Reinigt und kocht den Kürbis, gießt ihn ab, und drückt ihn durch ein Sieb, gebt ihn in einen Topf, fügt etwas Salz, zwei Unzen Butter, drei Unzen Parmesankäse, zwei Unzen gehackte Kandisfrüchte und Zimtpulver hinzu, laßt alles aufkochen, mischt sechs geschlagene Eier darunter, und laßt es eindicken; schüttet die Masse auf einen mit Butter gefetteten Teller, schlagt dann zwei Eier, streicht die Masse damit ein, streut geriebenes Brot, Zucker und Zimt darüber, schiebt den Teller in den Landofen mit der Flamme von oben und laßt alles überbacken, bis sich eine Kruste bildet, dann auftragen.

ANONYM

Oniatologia

(Abhandlung)
FLORENZ, 1806

Kürbiscreme auf provenzalische Art

Der Kürbis muß gelb und von guter Qualität sein; man entferne die Schale, das Mark mit den Kernen und schneide ihn in kleine Stücke, um ihn im Wasser mit Salz zu kochen: Gut abgetropft, lege man ihn in ein Tuch und drücke ihn von beiden Seiten, bis die ganze Flüssigkeit entwichen ist.

Drückt ihn dann durch ein feines Sieb, und das, was durch das Sieb fällt, gebt ihr mit etwas Mehl und acht bis zehn Eigelb in einen Topf. Nehmt zwei Liter Milch, und kocht sie fünf Minuten mit Zimt: Ist die Milch abgekühlt, nehmt den Zimt heraus, vermischt sie mit dem Kürbis und laßt alles im selben Topf weiterkochen, haltet ihn aber so über der Flamme, daß die Creme nicht aufkocht. Schmeckt ab und würzt nach, wenn nötig. Schüttet die Creme in eine Schüssel oder in einen Teller, und serviert sie kalt.

FRANCESCO LEONARDI

Apicio Moderno

(Der moderne Apicius)
ROM, 1807

Püree aus weißem Kürbis

Schneidet eine ausreichende Menge vom weißen Kürbis in Scheiben, schält sie, und entfernt die Kerne, schneidet sie in kleine Stücke, kocht diese in einem Topf über dem Feuer, bis sie ihre Flüssigkeit verloren haben; gießt sie dann in ein Sieb, und laßt sie gut abtropfen; gebt sie dann in einen kleinen Topf, mit einer Brühe wie für Bohnen, die sehr dunkel sein soll, damit die Kürbisstücke leicht getönt werden; dazu gebt ein Stück Schinken, eine mit zwei Nelken angebratene Zwiebel, und laßt alles auf kleiner Flamme eine

Stunde kochen, schöpft das Fett ab, nehmt den Schinken und die Zwiebel heraus, passiert den Kürbis über der Flamme durch ein Sieb. Wenn ihr das Püree mit frischem Eigelb und geriebenem Parmesankäse binden wollt, bekommt es einen ausgezeichneten Geschmack; ihr könnt es auch vor dem Passieren mit eingeweichten Brotrinden und geriebenem Parmesankäse eindicken.

Püree aus gelbem Kürbis

Man macht es auf dieselbe Weise wie das Vorangegangene, mit dem Unterschied, daß man anstatt der dunklen eine kräftige helle Brühe verwendet.

Gelber Kürbis, gebraten

Vorspeise. Schneidet den geschälten und entkernten Kürbis in Streifen oder in Stücke, gebt die Streifen in eine Bratpfanne, und bratet sie in Schmalz gut an, glasiert den Kürbis mit Zucker, und serviert ihn.

Weißer Kürbis, gebraten

Vorspeise. Schält und schneidet den Kürbis wie oben beschrieben, würzt ihn mit etwas Salz, drückt ihn dann aus, bratet ihn gut an, glasiert ihn mit Zucker und serviert ihn. Der weiße Kürbis kann genauso verwendet werden wie der gelbe, doch ist letzterer aufgrund seines Fleisches und seiner Farbe vorzuziehen.

———————————————

VINCENZO AGNOLETTI
**Manuale del cuoco
e del pasticcere**
(Handbuch für Koch
und Konditor)
PESARO, 1834

Creme von weißem oder gelbem Kürbis

Schält den Kürbis, schneidet ihn in Stücke, und passiert ihn über dem Feuer in einem Topf mit Butter, feinen Kräutern, Salz und Gewürzen; stäubt etwas Mehl darüber, und gebt eine ausreichende Menge Milch dazu; laßt die Flüssigkeit auf kleiner Flamme kochen, bis sie zu einer dikken Creme reduziert ist, und laßt diese dann abkühlen.
Vermischt die Creme mit einigen Eiern – schlagt aber das Eiweiß schaumig– und einer Handvoll Parmesan; gießt die Creme in einen tiefen Teller, streut Parmesan darüber und gebt etwas Butter darauf. Laßt die Creme bei mäßiger Hitze überbacken, und serviert sie sofort.

———————————————

ANONYM
Il cucinieri italiano moderno
(Der moderne italienische Koch)
LIVORNO, 1844

Kürbissuppe

Nehmt eine entsprechende Menge vom weißen Kürbis, putzt ihn, und schneidet ihn in viele kleine Würfel; legt sie mit einem nicht zu kleinen Stück Butter in einen Topf, und laßt

ANONYM
**Il cuoco senza pretese ossia
la cucina facile ed economica**
(Der anspruchslose Koch
oder Die einfache und
wirtschaftliche Küche)
COMO, 1834

Kürbisbrühe

Habt ihr den Kürbis mit Butter, Gewürzen und genügend Salz gekocht, drückt ihn durch ein Sieb, gebt in Milch oder Sahne getauchte Brotkrumen, Zimtpulver, einige bittere Mandeln, Fruchtgebäck und etwas geriebenes Brot dazu. Wenn die Mischung über dem Feuer gut eingedickt ist, gebt sie in eine vorbereitete Form, verschließt sie mit einem Deckel, und bratet die Masse im Ofen mit Feuer von unten gut an. Serviert das Gericht heiß.

———————————————

den Kürbis langsam braten, bis er eine schöne goldene Farbe annimmt. Dann zerhackt eine Zwiebel, Petersilie, Basilikum, Sellerie, Thymian, etwas Knoblauch, und vermischt alles mit den Kürbiswürfeln. Rührt dabei gut um, und gebt noch zwei Nelken, ausreichend Wasser und Fischbrühe dazu; habt ihr keine, tut es auch Öl oder Butter oder eine Mischung aus beidem. Laßt dann alles eine Stunde kochen. Gießt die Suppe über geröstete oder, je nach Geschmack, mit Butter und Öl angebratene Brotscheiben.

———————————————

ANONYM
**La cuciniera di città e di
campagna o
Nuova cucina economica**
(Die Stadt- und die Landköchin
oder Neue wirtschaftliche Küche)
TURIN, 1845

Verschiedene Arten von Kürbis mit Parmesan (Zwischengericht)

Schneidet den Kürbis in quadratische Stücke, und laßt sie eine Viertelstunde in gesalzenem Wasser kochen; gießt sie ab, und laßt sie abtropfen. Erwärmt in einem Topf ein Stück Butter, und bratet die Kürbisstücke mit Salz und Gewürzen; nehmt sie dann heraus, richtet sie auf einem Teller an, und bestreut sie mit geriebenem Parmesankäse. Stellt den zugedeckten Teller bei Oberhitze in den Ofen, und überbackt die Kürbisstücke leicht, bevor ihr sie serviert.

Verschiedene Arten von Kürbis, im Ofen gebraten
(Zwischengericht) Kocht den Kürbis in gesalzenem Wasser, und drückt ihn dann aus. Gebt ihn danach mit zwei Unzen Butter, drei Unzen Käse, zwei Unzen Zucker und etwas Zimtpulver in einen Topf. Laßt alles aufkochen; mischt sechs geschlagene Eier darunter; mischt alles gut durch und richtet die Masse auf einem mit Butter gefetteten Teller an, streicht die Masse mit Ei ein, streut mit Zimtucker gemischtes geriebenes Brot darüber, und überbackt sie kurz.

Kürbissuppe, zum Püree reduziert
Schneidet den Kürbis in Stücke, und legt sie fünf Minuten in kochendes Salzwasser. Nehmt den Topf vom Feuer, und gießt das Wasser ab; zerdrückt den Kürbis mit der Teigrolle oder einem anderen Gegenstand; laßt ein Stück Butter in einem Topf zergehen, gebt den Kürbis dazu, und bratet ihn kurz an. Gebt in eine Suppenschüssel in Butter geröstete und gezuckerte Brotstücke; gießt kochende Milch darüber, und mischt den Kürbis darunter. Wenn ihr wollt, könnt ihr die Suppe vor dem Servieren erhitzen.

GIOVANNI FELICE LURASCHI
Nuovo cuoco milanese economico
(Neue Mailänder Sparküche)
MAILAND, 1853

Gedünstete Kürbisse
Putzt die Kürbisse, schneidet sie, kocht sie kurz in Salzwasser, und gießt sie ab, röstet etwas Petersilie, eine Zehe Knoblauch, etwas Schalotte, fein geschnitten, gebt die Kürbisstücke dazu und würzt mit etwas Pfeffer und Muskatnuß; gießt etwas Brühe dazu, und laßt es leicht köcheln; entfettet den Saft und serviert die Kürbisstückchen mit auf dem Rost gebratenem Brot.

ANONYM
Libro di cucina del sec. XIV
(Kochbuch des 14. Jh.)
BOLOGNA, 1863

Von den Kürbissen
Nimm junge, geschnittene und im heißen Wasser gewaschene Kürbisse, und drücke sie in einem Tuch aus; brate sie mit frischem Schweinefleisch, Pfeffer und Safran.
Andere Art. Nimm junge Kürbisse, wasche sie, und drücke sie fest aus. Koche sie mit gekochten Eiern, Zwiebeln, fein geriebenem Käse, Pfeffer, Safran, ausreichend Öl und Salz in Wasser. Mit Hackfleisch gemischt kann man damit Ravioli und andere Teigtaschen füllen.
Andere Art. Nimm getrocknete Kürbisse, und lege sie am Abend in warmes Wasser, damit sie weich werden. Wenn sie weich sind, schneide sie in kleine Stückchen, dann schneide noch Zwiebeln, und brate sie in Öl mit Pfeffer und Safran. Lege sie dann in eine Marinade aus Essig oder Brotbrühe, und koche sie darin. Auf gleiche Weise kann man sie auch in Mandelmilch kochen. Man nehme dazu Pfeffer, Safran, Salz, Öl und Nußmilch.

GIOVANNI VIALARDI
Cucina borghese
semplice ed economica
(Die einfache und wirtschaftliche bürgerliche Küche)
TURIN, 1863

Kürbis nach Art der Landfrau
Nehmt einen grünen, weichen Kürbis, schneidet ihn in längliche Stücke, entfernt das Kerngehäuse und die Schale, und schneidet ihn in feine Scheiben, bratet ihn in 100 g Butter mit etwas kleingehacktem Knoblauch, Salz, Pfeffer und Gewürzen; wenn nötig, gebt etwas Wasser dazu; bratet so lange, bis der Kürbis weich und gelb ist; mischt Käse und etwas Essig unter, und serviert ihn.

Kürbistorte Gärtnerinnenart
Nehmt 800 g weichen römischen Kürbis, entfernt das Kerngehäuse und die harte, gelbe Schale, schneidet ihn in Stücke oder reibt ihn klein, kocht ihn 5 Minuten oder so lange, bis er weich ist, in Wasser; gießt ihn ab, gebt ihn mit 200 g Butter, etwas Knoblauch und fein gehackter Petersilie in einen Topf; ist er gelb gebraten und die Flüssigkeit verdampft, streut 60 g Mehl darüber, und bratet ihn weiter, gießt einen halben Liter Sahne hinzu, und laßt alles kochen, bis sich ein dicker Brei gebildet hat; nehmt den Topf vom Feuer, und vermischt sechs bittere und zerdrückte Marzipanstücke, etwas Ricotta, Salz, Pfeffer, Gewürze sowie sechs ganze Eier darunter; gießt die Masse auf einen mit Butter gefetteten feuerfesten Tonteller, und laßt sie im Ofen bei Ober- und Unterhitze backen, bis

die Torte fest, um ein Viertel angewachsen und goldgelb ist; serviert sie dann auf diesem Teller. Es kann auch eine mit Butter gefettete und mit Brotbröseln bestreute Form verwendet werden. Die Torte wird dann auf einen Teller gestürzt.

ANONYM
La cuciniera maestra
(Die Meisterköchin)
REGGIO EMILIA, 1886

Kürbistorte

Nehmt einen Kürbis, schält ihn, schneidet ihn, und laßt ihn in einem Sieb abtropfen. Erhitzt vier Unzen Butter, und bratet darin mit etwas Zwiebeln, etwas Pfeffer und Gewürzen vier Unzen kleingehackten Speck, fügt den Kürbis hinzu, und kocht ihn eine Viertelstunde, nehmt ihn dann vom Feuer, und laßt ihn abkühlen; wenn er abgekühlt ist, mischt ein Pfund Ricotta darunter. Nehmt nun ein Pfund Mandeln, schält sie, zerstoßt sie im Mörser, und vermischt alles gut in einem Topf mit acht Unzen Zucker, acht Eiern und vier Eigelb, macht dann euren süßen Teig, gebt ihn in die mit Butter gefettete Form, schüttet die besagte Mischung darauf, und backt die Torte im Ofen.

Kürbis mit Parmesan

Reinigt den Kürbis, schneidet ihn in Würfel, gart ihn in Salzwasser, und gießt ihn ab; nehmt einen Topf, legt ein Stück Butter und die Kürbiswürfel hinein, salzt und würzt, und bratet die Würfel von oben und unten an; wenn sich alles gut miteinander verbunden hat, schüttet sie auf eine Platte, und bestreut sie mit Parmesankäse und Butter; schiebt den Kürbis ins Backrohr; wenn er goldgelb überbacken ist, auftragen.

JEAN MARIE PARMENTIER
Il Re dei Re dei cuochi
(Der König der Könige
unter den Köchen)
MAILAND, 1897

Kürbissuppe

Nehmt ein Kürbisviertel, schält es, entfernt die Kerne; schneidet es in nußgroße Stücke, und kocht diese in einem Topf mit Wasser. Wenn der Kürbis zu einer dicken Creme reduziert ist, gebt 62 g Butter und etwas Salz dazu, und laßt die Creme aufkochen. Kocht einen Liter Milch, mischt etwas Salz und Zucker darunter, rührt das Kürbispüree ein. Legt eine Suppenschüssel mit Brotstückchen aus, schüttet die Mischung aus Kürbis und Milch darüber.

PELLEGRINO ARTUSI
**La scienza in cucina
e l'arte di mangiare bene**
(Die Wissenschaft in der Küche
und die Kunst, gut zu speisen)
FLORENZ, 1899

Torte aus gelbem Kürbis

Diese Torte macht man im Herbst oder im Winter, wenn der gelbe Kürbis zu kaufen ist.

Kürbis, 1 kg
Süße Mandeln, 100 g
Zucker, 100 g
Butter, 30 g
Semmelbrösel, 30 g
Milch, ein halber Liter
3 Eier
Eine Prise Salz
Zimtpulver

Schält den Kürbis, reinigt ihn von oberflächlichen Fäden, und reibt ihn über einem Tuch. Nehmt die vier Ecken des Tuches zusammen, und drückt den Kürbis aus, so daß er den Großteil seiner Flüssigkeit verliert. Aus einem Kilogramm Kürbis ergeben sich so etwa 300 Gramm. Laßt ihn nun in Milch kochen, bis er gar ist, was je nach Qualität des Kürbisses etwa nach 25 bis 40 Minuten eintritt. Zerstoßt in der Zwischenzeit in einem Mörser die bereits geschälten Mandeln mit Zucker, bis sie sehr fein sind, und wenn der Kürbis gar ist, vermischt alle Zutaten mit Ausnahme der Eier, die ihr erst dazugebt, wenn die Mischung abgekühlt ist. Fettet nun eine Form mit Speck ein, legt sie mit einer dünnen Schicht Mürbeteig aus, und streicht die Mischung etwa eineinhalb Finger dick darauf aus. Backt die Form zwischen zwei Feuern oder im Ofen. Ich empfehle mäßige Hitze und ein gefettetes Blatt Papier als Abdeckung.

Suppe aus gelbem Kürbis

Gelber Kürbis, geschält und in feine Scheiben geschnitten, ein Kilogramm. Kocht den Kürbis mit zwei Schöpflöffeln Brühe, und passiert ihn durch ein Sieb. Macht auf dem Feuer eine Einbrenne aus 60 Gramm Butter und zwei Eßlöffel Mehl, und wenn das Mehl gelb ist, löscht es mit Brühe ab. Gebt nun das Kürbispüree hinein, und gießt soviel Brühe auf, daß die Suppe für sechs Personen reicht. Schüttet die kochende Suppe über geröstete Brotwürfel, und reicht geriebenen Parmesankäse dazu. Bereitet ihr diese Suppe wie beschrieben und mit einer guten Brühe, macht sie jeder Tafel Ehre und hat zudem den Vorzug, erfrischend zu sein.

Die Rezepte
von Arneo Nizzoli

Arneo Nizzoli hat sich verdientermaßen den ehrenvollen Titel »König des Kürbisses« erworben. Sein Reich liegt in Villastrada, einem kleinen Vorort von Dosolo, zwischen Viadana und Mantua, nicht weit von der Mündung des Oglio – eine der charakteristischsten Gegenden der Poebene. In unmittelbarer Nähe liegen jene Dörfer, die berühmte Bilder der italienischen Vergangenheit ins Gedächtnis rufen: von der Glanzzeit der Gonzaga bis hin zu den Schlachten des Risorgimento, von den Bauernaufständen zu Beginn des 20. Jahrhunderts bis hin zum Heroismus der Gebrüder Cervi und – nicht zu vergessen – der Rivalität zwischen Don Camillo und Peppone. Bei Nizzoli atmet man die Luft der Tiefebene und ißt dementsprechend: eine Kombination aus edlen Speisen im Geschmack der Renaissance und einfachen und einfallsreichen Gerichten der traditionell-bäuerlichen Küche. In beiden Fällen nimmt der Kürbis einen Ehrenplatz ein. Um in den Genuß seines vollen Aromas zu gelangen, sollte man unbedingt im Oktober nach Dosolo kommen, wenn der »König« den Monat des Kürbisses ausruft. Bei der Lektüre und beim Nachkochen seiner Rezepte können Sie sich bereits einen Vorgeschmack verschaffen.

*A*NMERKUNG: *Bei einigen der auf den folgenden Seiten abgebildeten Kürbisse handelt es sich um nicht eßbare Zierkürbisse.*

Gefüllte Kürbisblüten

5 Kartoffeln, 200 g grüne Bohnen, 200 g Zucchini, 2 Eier,
1 Knoblauchzehe, 1 EL gehackte Petersilie, Salz,
1 EL geriebener Parmesan (nach Geschmack),
ca. 20 Kürbis- oder Zucchiniblüten, 1 EL Öl

ZUTATEN FÜR 6 PERSONEN

WEINE: *Dieses Gericht hat eine ausgeprägte Süße und ein angenehmes Aroma. Es empfiehlt sich ein trockener, ziemlich kräftiger Weißwein mit leicht aromatischem Bouquet, blumig-fruchtiger Note und spritziger Säure. Er sollte ausgesprochen weich, rund und kräftig sein wie der Vermentino der ligurischen Riviera, der Bianco Vergine Valdichiana, der Trebbiano d'Abbruzzo oder der Contessa Entellina Chardonnay.*

ZUBEREITUNG

1. Das Gemüse kochen und passieren. Zu dem Püree Eier, Knoblauch, gehackte Petersilie, Salz und nach Geschmack Parmesan hinzufügen.

2. Mit dieser Mischung die gut gewaschenen Blüten füllen. Die gefüllten Blüten zusammen mit dem Öl in eine feuerfeste Form geben und im Ofen bei 180 °C ca. 40 Min. backen.

PRO PORTION:
125 Kalorien; 2,9 g Ballaststoffe

Kürbisschalen

GEKOCHT IN SÜSS-SAUER EINGELEGTEM APFEL

*Schale von einem Kürbis, Salz, 1 EL Zucker, 1 Zimtstange,
1 EL Weißweinessig, 3 EL des eingelegten Apfels,
Parmesan (nach Geschmack)*

ZUTATEN FÜR 6 PERSONEN

WEINE: *Dieses appetitanregende Gericht wird vom intensiven Aroma und Geschmack der Zutaten bestimmt, bei denen Süße, Würze und Säure kombiniert werden. Man kann dazu einen trockenen, lieblichen oder vollmundigen jungen Weißwein mit gehaltvollem aromatischem Bouquet und langem Abgang reichen. Er sollte weich, von frischer Säure, würzig und gehaltvoll sein. Es empfiehlt sich ein aromatischer Südtiroler Traminer Spätlese, ein lieblicher Pagadebit di Romagna oder ein vollmundiger Orvieto.*

ZUBEREITUNG

1. Von dem zuvor gewaschenen Kürbis die Schale entfernen, in mundgerechte Stücke schneiden und in sprudelndem Wasser 5 Min. kochen.
2. Aus Salz, Zucker, Zimtstange, Weißweinessig und 3 EL eingelegtem Apfel eine Marinade zubereiten und die Schalen darin einlegen.
3. Die Kürbisschalen vor dem Servieren – sie eignen sich vorzüglich als Vorspeise – einige Stunden durchziehen lassen. Eventuell noch etwas Parmesan darüber hobeln.

PRO PORTION:

Der Nährstoffgehalt von Kürbisschalen läßt sich nicht genau bestimmen. Sie sind aber reicher an Ballaststoffen als an Kalorien.

Fritierte Kürbis-Halbmonde

1 kg Kürbisfleisch, Salz, Mehl, Rosmarin, Knoblauch,
1 Tasse Öl zum Fritieren

Zutaten für 6 Personen

WEINE: *Dieses Gericht ist ausgesprochen einfach und erhält durch das aromatisierte Olivenöl und den angenehm süßlichen Geschmack des Kürbisses seinen köstlichen Geschmack. Dazu sollte man einen trockenen und jungen Weißwein mit kräftiger und fruchtiger Note, ausgesprochen frischer Säure und zurückhaltendem Alkoholgehalt wählen, etwa Favorita delle Langhe, Bianco di Custoza oder Epomeo bianco.*

ZUBEREITUNG

1. Das Kürbisfleisch in 1 cm dicke, halbmondförmige Scheiben schneiden. Salzen und eine Stunde lang in einer Schüssel durchziehen lassen.
2. Die Kürbis-Halbmonde waschen, trockentupfen und mit Mehl bestäuben. Das mit Rosmarin und Knoblauch aromatisierte Öl erhitzen und die Halbmonde darin ausbacken.
3. Die Halbmonde auf saugfähigem Küchenpapier abtropfen lassen, salzen und warm servieren.

PRO PORTION:
110 Kalorien; 1,4 g Ballaststoffe

Kürbis in pikanter Soße

1 kg geschälter und entkernter Kürbis, Salz, Mehl,
Öl zum Fritieren, 2 Knoblauchzehen, Salbei,
Rosmarin, 2 EL Semmelbrösel,
1 Glas Essig, Pfeffer

ZUTATEN FÜR 6 PERSONEN

WEINE: *Durch die zurückhaltende Schärfe der Soße, vor allem aber die intensiven Aromen der Zutaten und die feine süßliche Note empfiehlt sich bei der Weinwahl ein trockener Weißwein mit fruchtig-blumiger Note und frischer Säure, weich und robust wie der Breganze Pinot bianco, der Montecarlo bianco oder der Bianchello del Metauro.*

ZUBEREITUNG

1. Den Kürbis in feine Scheiben schneiden, salzen und eine Stunde entwässern lassen. Danach in Mehl wenden, in reichlich heißem Öl ausbacken und anschließend auf saugfähigem Küchenpapier abtropfen lassen.

2. In der Zwischenzeit den in Scheibchen geschnittenen Knoblauch in etwas Öl anbraten. Kräuter und Semmelbrösel dazugeben. Alle Zutaten noch einmal anbraten und dann mit dem Essig ablöschen. Salzen, pfeffern und abkühlen lassen.

3. Die Kürbisscheiben auf einer Platte anrichten und mit der Soße beträufeln.

PRO PORTION:

137 Kalorien; 1,1 g Ballaststoffe

Kürbis-Schiffchen mit Sardellen

800 g geschälter und entkernter Kürbis,
100 g Sardellen oder in Salz eingelegte Sardinen,
2 EL Öl, Salz, Pfeffer, Zucker, 1 EL Aceto Balsamico

ZUTATEN FÜR 6 PERSONEN

WEINE: *Der leicht salzige, aromatisch-würzige Geschmack dieses Gerichts verlangt nach einem trockenen, ausgereiften Weißwein mit blumig-fruchtiger Note, merklicher Säure, sanft und geschmackvoll wie der Fiorano Semillon, der Falanghina del Sannio oder der Etna bianco.*

ZUBEREITUNG

1. Den Kürbis in ca. 2 cm dicke Scheiben schneiden. Salz und Gräten von den Sardellen oder Sardinen entfernen.

2. Aus Öl, Salz, Pfeffer, Zucker und Essig eine Marinade zubereiten und damit den Boden einer feuerfesten Form bedecken.

3. Die Kürbis-Schiffchen in der Form verteilen und jedes mit einer Sardelle belegen. Das Ganze ca. 15 Min. in den 180 °C heißen Ofen geben.

4. Aus dem Ofen nehmen und lauwarm servieren.

PRO PORTION:
83 Kalorien; 0,7 g Ballaststoffe

Überbackene, gefüllte Kürbisscheiben

800 g geschälter und entkernter Kürbis, 2 Eier, Mehl,
Öl zum Fritieren, 200 g Mozzarella, 150 g gekochter
Schinken, Salbei, 1/2 l dünnflüssige Béchamelsoße, Salz

ZUTATEN FÜR 6 PERSONEN

WEINE: *Die vordergründige Süße dieses Gerichts wird durch den*
würzig-salzigen und leicht deftigen Geschmack des Mozzarella und
des Schinkens vortrefflich ergänzt. Als Wein paßt dazu ein junger, duftig-
fruchtiger und sehr frischer Rosé wie der Südtiroler Lagrein rosé, der
Rosa Cormòns oder der Rosa del Golfo.

ZUBEREITUNG

1. Den Kürbis in eine gerade Anzahl gleichmäßig großer Vierecke schnei-
den. In Ei und Mehl wenden und in Öl ausbacken.
2. Gleich nach dem Abkühlen auf jedes Kürbisviereck eine Scheibe
Mozzarella und Schinken und ein Salbeiblättchen legen. Dann ein zweites
Kürbisviereck darauflegen.
3. Die gefüllten Kürbisscheiben in eine feuerfeste Form geben, mit der
Béchamelsoße übergießen und im Ofen bei 180 °C ca. 20 Min. gratinieren.
Heiß servieren.

PRO PORTION:
435 Kalorien; 1,2 g Ballaststoffe

Fritierte Kürbisstreifen

500 g Kürbis, 3 Eiweiß, eine Prise Mehl,
100 g geriebener Parmesan, Salz, Muskatnuß,
1 Tütchen Safran, Öl zum Fritieren

Zutaten für 6 Personen

WEINE: *Zu diesem köstlichen, aromatisch-würzigen Gericht mit der typischen Süße empfiehlt sich ein junger, trockener Weißwein mit kräftig blumig-fruchtigem Bouquet, spritziger Säure und leicht weichem, vollmundigem Geschmack wie der Sandbicheler bianco, der Bolgheri bianco oder der Vermentino di Alghero.*

ZUBEREITUNG

1. Den Kürbis in Viertel zerteilen, Schale und Kerne entfernen und mit einem Gemüsehobel in sehr feine Streifen schneiden.
2. Eiweiß mit einer Prise Mehl, dem geriebenen Parmesan, Salz, Muskatnuß und Safran verschlagen.
3. Die Kürbisstreifen in diese Mischung geben. Mit einem Löffel Häufchen formen, ins heiße Öl gleiten lassen und ausbacken.
4. Auf Küchenpapier abtropfen lassen, salzen und servieren.

Pro Portion:
143 Kalorien; 0,5 g Ballaststoffe

Kürbis-Zwiebel-Törtchen

---

800 g geschälter und entkernter Kürbis,
4 Zwiebeln, Öl, Salz, Oregano, 300 ml Tomatensoße,
6 Blätterteigtörtchen, Lorbeerblätter

ZUTATEN FÜR 6 PERSONEN

WEINE: *Bei diesem ebenso einfachen wie schmackhaften Gericht kommen feine Süße, die Aromen und Gewürze und der leicht ölig-deftige Geschmack hervorragend zur Geltung. Dazu paßt ein junger, trockener Weißwein mit intensivem Bouquet und langem Abgang. Er sollte eine blumig-fruchtige Note und frische Säure haben und weich und vollmundig sein wie der Colli Berici Tocai bianco, der Bianco di Pitigliano oder der Regaleali bianco.*

ZUBEREITUNG

1. Kürbis und Zwiebeln in Würfel schneiden.
2. Kürbis- und Zwiebelwürfel vorsichtig in eine Pfanne mit reichlich Öl geben, ohne daß sie zerfallen. Salz und Oregano und gegen Ende der Garzeit die Tomatensoße hinzufügen.
3. Auf die 6 Törtchen verteilen und im heißen Ofen gratinieren.
4. Vor dem Servieren mit je einem Lorbeerblatt garnieren.

PRO PORTION:
224 Kalorien; 3,9 g Ballaststoffe

Pikante Kürbistorte

1 kg Kürbis, 5 Scheiben Toastbrot, Salz, Zimtpulver,
250 g reifer Provolone, 1 Ei
Für den Teig:
350 g Mehl, 150 g Butter,
50 ml Wasser, 1 Ei, Salz

Zutaten für 10 bis 12 Personen

WEINE: *Die einzelnen Zutaten verbinden sich bei diesem Gericht zu einem köstlich runden Ganzen aus Süße und Würze. Dazu paßt ein trockener Rosé mit fruchtigem Bouquet und Geschmacksnoten frischer Früchte und roter Blüten, frisch und kräftig wie der Chiaretto di Moniga, der Lagrein rosé, der Salice Salentino rosato oder der Settesoli rosato.*

ZUBEREITUNG

1. Das Mehl auf einem Nudelbrett anhäufen und mit den weichen Butterflocken rasch vermengen. 50 ml kaltes Wasser, das Ei und eine Prise Salz dazugeben. Die Zutaten so rasch als möglich zu einem homogenen Teig verarbeiten und zu einer Kugel formen. Die Teigkugel in Frischhaltefolie wickeln und für ca. 20 Min. in den Kühlschrank legen.

2. Den Kürbis schälen und in kochendem Salzwasser ca. 15 Min. kochen, dann das Wasser abgießen und auskühlen lassen.

3. Den Teig ca. 3 mm dick ausrollen und mit etwas mehr als der Hälfte des Teigs den gefetteten und gemehlten Boden einer Springform (Durchmesser 25 cm) auslegen.

4. Den Boden der Form mit einer Schicht Toastbrot belegen und darauf eine Schicht in feine Scheiben geschnittenen Kürbis geben. Salzen und mit etwas Zimtpulver bestäuben. Darüber eine Schicht aus ebenso fein geschnittenem Käse legen. Den restlichen Kürbis und Käse in abwechselnden Schichten auf der Torte verteilen.

5. Die Torte mit dem restlichen Teig bedecken und die Ränder mit dem Daumen sorgfältig zusammendrücken. Mit eventuellen Teigresten den Tortendeckel verzieren, ihn dann mit dem Ei bestreichen. In den vorgeheizten Ofen schieben und bei 180 °C 50 Min. backen.

6. Die Torte heiß oder lauwarm servieren.

Pro Portion:
347 Kalorien; 1,7 g Ballaststoffe

Frittata mit Zwiebeln und Kürbis

300 g geschälter und entkernter Kürbis,
1 Zwiebel, 10 Eier, Salz, 100 g Parmesan, Schnittlauch,
Öl, Rotweinessig

Z<small>UTATEN FÜR</small> 6 P<small>ERSONEN</small>

WEINE: *Die Zutaten und die spezielle Zubereitungsform verleihen diesem Gericht ein köstlich duftendes Aroma, das sich hervorragend mit der Süße des Kürbisses, der Eier und der Zwiebel verbindet. Ideal wäre ein trockener Weißwein mit einer intensiven blumig-grünen Note, spritzig und eher weich als robust wie der Foianeghe bianco, der Piave Pinot grigio oder der Castel del Monte bianco.*

ZUBEREITUNG

1. Kürbis und Zwiebel in Streifen schneiden. In Olivenöl goldbraun anbraten.

2. In einer Schüssel die Eier mit Salz verquirlen, den Kürbis und die Zwiebeln aus dem Öl nehmen, abtropfen lassen und zusammen mit dem geriebenen Parmesan und dem in feine Streifen geschnittenen Schnittlauch zu den verquirlten Eiern geben.

3. Damit sie möglichst dünn wird, die Frittata in einer großen Pfanne in Öl backen; wenn sie fertig ist, auf Küchenpapier abtropfen lassen.

4. Heiß oder lauwarm servieren und mit einem Schuß Rotweinessig beträufeln.

P<small>RO</small> P<small>ORTION</small>:
286 Kalorien; 1 g Ballaststoffe

Teigtaschen mit Kürbis-Ricotta-Füllung

AUF IN THYMIAN GEBRATENEN PFIFFERLINGEN

Für den Teig:

300 g Mehl, 3 Eier, 2 EL Olivenöl extra vergine

Für die Füllung:

*225 g gelbfleischiger Kürbis in Würfeln, 225 g Ricotta (oder gut
ausgedrückter Magerquark), 8 g Dijonsenf, 10 g Zwiebel,
1 g Thymian, 15 ml Öl, Salz, Pfeffer, 1 Lauchstange, der Länge
nach in Streifen geschnitten, 15 g Butter, 30 g Parmesan*

Für die Soße:

75 ml Fleischbrühe, 15 ml Öl, Safran

Zum Garnieren:

*225 g Pfifferlinge, 75 g Tomatenwürfel, 3 g Schalotte,
2 g Thymian, 15 ml Öl*

ZUTATEN FÜR 6 PERSONEN

ZUBEREITUNG

1. Teig aus Mehl, Eiern und Öl dünn ausrollen; Quadrate von 20 cm
Seitenlänge ausschneiden und in kochendem Salzwasser al dente kochen;
abgießen, auf einem Tisch ausbreiten und auskühlen lassen.

2. Die Lauchstreifen für eine Minute in kochendes Salzwasser geben,
abgießen und abkühlen lassen.

3. In einer Pfanne die Kürbiswürfel mit dem Öl und der Zwiebel anbraten;
nach dem Abkühlen mit dem Ricotta vermengen. Mit Thymian, Senf,
Salz und Pfeffer abschmecken.

4. Die Füllung in die Mitte der Teigquadrate geben; die Ecken zusammendrücken und mit den Lauchstreifen zu Täschchen zusammenbinden.

5. Die Teigtäschchen in eine gebutterte, feuerfeste Form geben, mit frisch
geriebenem Parmesan bestreuen und im vorgeheizten Backofen bei
180 °C für 20 bis 25 Min. leicht goldbraun überbacken.

6. In Scheiben geschnittene Pfifferlinge mit Öl, Thymian, Salz, Pfeffer,
Schalotte und Tomatenwürfeln anbraten und warm stellen.

7. In derselben Pfanne die Brühe mit dem Safran reduzieren und dann
mit etwas Öl vermischen.

8. Die Teigtäschchen mit den Pilzen auf Tellern anrichten und darüber
die Soße verteilen.

PRO PORTION: *464 Kalorien; 2,8 g Ballaststoffe*

WEINE: *Zu diesem süßlich-würzigen, leicht üppigen Gericht empfiehlt
sich ein trockener, aromatischer Weißwein mit blumig-fruchtiger Note
und frischer Säure, weich und gehaltvoll wie der Terlano Sauvignon, der
Collie Chardonnay, der Biancolella d'Ischia oder der trockene Nuragus
di Cagliari.*

Tortelli di zucca

⎯⎯⎯※⎯⎯⎯

500 g Kürbis, 200 g süß-sauer eingelegte Äpfel oder andere Senffrüchte, 100 g Amaretti, geriebene Schale einer halben Zitrone, geriebene Muskatnuß, Semmelbrösel, 500 g Mehl, 4 Eier, Wasser, 100 g Speck, 1 mittelgroße Zwiebel, 50 g Butter, 1 Glas trockener Weißwein, 1/2 EL Tomatenmark, Salz, Pfeffer, geriebener Parmesan
ZUTATEN FÜR 6 BIS 8 PERSONEN

WEINE: *Der eher süßliche Kürbis und der Nudelteig sowie die deftige, aromatisch-würzige Füllung verbinden sich zu einem angenehm runden Geschmack, zu dem sich ein junger, fruchtig-frischer, leicht würziger Weißwein ausgezeichnet macht. Zu empfehlen sind kräftige, runde Weine wie der Valle Isarco Gewürztraminer, der Valle d'Aosta Petite Arvine, der Poggio alle gazze di Bolgheri oder der Regaleali Nozze d'Oro.*

ZUBEREITUNG

1. Füllung: das gekochte Kürbisfleisch zu einem dicken Brei verrühren (damit das Ganze nicht zu flüssig wird, vorher in einem Sieb zwei Stunden abtropfen lassen). Dazu kommen die fein geschnittenen Senffrüchte mit etwas Sud, die fein zerkrümelten Amaretti, die geriebene Zitronenschale, eine Prise Muskat, Salz, Pfeffer und ein paar Semmelbrösel zum Binden. Nach dem Vermischen zugedeckt für ein paar Stunden durchziehen lassen.

2. Nudelteig: Das Mehl mit den Eiern, einer Prise Salz und wenig lauwarmem Wasser zu einem glatten, elastischen und festen Teig verkneten; in ein Tuch einschlagen und ca. 30 Min. ruhen lassen.

3. Den Teig nochmals durchkneten und dann mit einem Nudelholz zu einer dünnen Teigplatte ausrollen. Aus dem Teig 10 cm lange Rechtecke ausschneiden und etwas Kürbisfüllung darauf verteilen. Zu kleinen

Täschchen verschließen und an den Rändern fest zusammendrücken.

4. Den Speck mit der Zwiebel in Butter anbraten, mit Weißwein ablöschen und mit Tomatenmark, Salz und Pfeffer abschmecken. Das Ganze eine Stunde lang einkochen lassen und bei Bedarf etwas Wasser zugießen.

5. Die Tortelli in reichlich Salzwasser kochen und mit dem Schaumlöffel aus dem Wasser heben. Dann in der folgenden Weise auf eine vorgewärmte Servierplatte oder in eine vorgewärmte Schüssel geben: Auf den Boden der Schüssel oder Platte ein wenig von dem Fond verteilen, darüber etwas geriebenen Parmesan und dann eine Schicht Tortelli geben. Die Tortelli wieder mit Fond und Käse bedecken und so weiter. Das Ganze mit einem Tuch abdecken, 30 Min. ziehen lassen und servieren.

PRO PORTION:
546 Kalorien; 4,3 g Ballaststoffe

⎯⎯⎯※⎯⎯⎯

Kürbiscreme-Suppe

3 Lauchstangen, 1 kleine Zwiebel, 150 g Butter, 3 EL Mehl, 3 mehlige Kartoffeln ohne Schale, 3 kg Kürbisfleisch, Salz, Pfeffer, 3 l Hühnerbrühe, 500 ml flüssige Sahne, 100 g Gruyèrekäse, 2 Tassen geröstete Toastbrotwürfel

ZUTATEN FÜR 10 BIS 12 PERSONEN

WEINE: *Dieses Gericht wird dominiert von der Süße der meisten Zutaten und dem leichten Lauch- und Zwiebelaroma. Man sollte daher einen jungen, trockenen, blumig-duftigen und sehr frischen Weißwein wählen, der nicht zu kräftig sein sollte, etwa den Lugana, den Lessini Durello, den Pinot Bianco di Monte San Pietro oder einen Orvieto classico.*

ZUBEREITUNG

1. Den Lauch putzen und waschen und zusammen mit der Zwiebel fein schneiden und in Butter anbraten, das Mehl dazugeben und rühren, damit sich keine Klümpchen bilden. Die in Stückchen geschnittenen Kartoffeln und den Kürbis dazugeben und 15 Min. mitschmoren.

2. Salzen und pfeffern, mit der Hühnerbrühe aufgießen, aufkochen und bei mittlerer Hitze eine Stunde kochen lassen.

3. Passieren. Auf den Herd zurückstellen, die Sahne dazugeben und mit Salz und Pfeffer abschmecken. Kurz aufkochen, vom Herd nehmen und den geriebenen Käse unterrühren.

4. Mit gerösteten Brotwürfeln und ggf. mit Sahnehäubchen servieren.

PRO PORTION:

512 Kalorien; 4,3 g Ballaststoffe

Spaghetti mit Kürbis

540 g Spaghetti, 300 g Mascarpone,
geriebener Parmesan nach Belieben, 500 g Kürbis am Stück,
2 Schalotten, 1 Stückchen Butter,
Salbei, Rosmarin

ZUTATEN FÜR 6 PERSONEN

WEINE: *Ein verführerisches Gericht mit süßlich-deftigem Geschmack und zurückhaltendem Aroma. Als Wein empfiehlt sich ein trockener, ziemlich ausgereifter frischer Weißwein (eventuell ein Sekt) mit dem Duft reifer Früchte und einer gewissen Schwere wie der Breganze di Breganze, der Cervaro della Sala, der Fiorano bianco oder der Greco di Tufo.*

ZUBEREITUNG

1. Ausreichend Wasser für die Nudeln zum Kochen bringen.

2. Kürbis putzen und in Scheiben schneiden. Die zerkleinerten Schalotten in einer Pfanne in Butter anschwitzen und die Kürbisscheiben sowie zwei Salbeiblätter dazugeben. Salbeiblätter später wieder entfernen.

3. Die Spaghetti kochen. In einer Servierschüssel Mascarpone und Parmesan mit einem Schöpflöffel des Nudelwassers verrühren und reichlich gehackten Salbei und Rosmarin dazugeben.

4. Die al dente gekochten Spaghetti abseihen und in die Schüssel geben. Unter die Mascarponecreme heben, dann den Kürbis untermischen und servieren.

PRO PORTION:
589 Kalorien; 3,4 g Ballaststoffe

Kartoffelcreme-Suppe

MIT KÜRBISWÜRFELN

---

100 g gehackte Zwiebeln, 150 g Butter, 500 g mehlige Kartoffeln, 1l Gemüsebrühe, Salz, Pfeffer, 6 Scheiben durchwachsener, geräucherter Bauchspeck in Streifen geschnitten, 300 g Kürbis, 1 EL gehackte Petersilie

ZUTATEN FÜR 6 PERSONEN

WEINE: *Charakteristisch für dieses Gericht ist der intensiv süßliche, nur leicht würzige Geschmack. Dazu paßt ein junger, trockener, aromatischer Weißwein. Er sollte eine blumig-fruchtige Note haben, sehr frisch, weich und nicht zu schwer sein wie der Erbaluce di Caluso, der Valcalepio bianco, der Bianco Vergine Valdichiana oder der Montecompatri Colonna Superiore.*

ZUBEREITUNG

1. Die Zwiebeln in 100 g Butter glasig dünsten, die geschälten und in Scheiben geschnittenen Kartoffeln zufügen, pfeffern und mit der Brühe aufgießen. 4 EL Brühe zurückbehalten. Nach dem Kochen das Ganze durchpassieren und mit Salz und Pfeffer abschmecken.

2. Die restliche Butter in einer Pfanne schmelzen und den Speck darin anbraten. Den in Würfel geschnittenen Kürbis und restliche Gemüsebrühe dazugeben und dabei aufpassen, daß die Kürbisstückchen nicht zerkochen.

3. Die Kartoffelcreme in Suppenteller verteilen. In die Mitte die Kürbisstückchen, den Speck und etwas gehackte Petersilie geben und servieren.

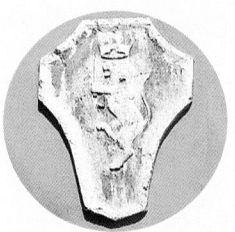

PRO PORTION:

327 Kalorien; 2,7 g Ballaststoffe

Rigatoni mit Kürbis

150 g Butter, 450 g Zwiebelringe, das Innere eines Stangensellerie
gehackt, 1,5 kg in kleine Würfel geschnittener Kürbis,
6 reife Tomaten, Salz, Pfeffer, 600 g Rigatoni,
frischer geriebener Parmesan

ZUTATEN FÜR 6 PERSONEN

WEINE: *Ein einfaches, aber sehr schmackhaftes, süßlich-aromatisches Gericht, zu dem man am besten einen jungen und trockenen Weißwein mit einem ziemlich intensiven fruchtig-blumigen Bouquet und einer ausgesprochen frischen Säure, dabei kräftig, aber nicht zu robust serviert wie den Colli Orientali dei Friuli Riesling, den Colli di Luni bianco, den Falerio dei Colli Ascolani oder einen Falanghina del Sannio.*

ZUBEREITUNG

1. In einem großen Schmortopf 120 g Butter, die Zwiebeln, den Sellerie und den Kürbis bei starker Hitze kochen lassen, bis die Kürbisstückchen weich sind. Die geschälten und gewürfelten Tomaten, Salz und Pfeffer zufügen und bei schwacher Hitze köcheln lassen.
2. In der Zwischenzeit die Rigatoni in ausreichend Salzwasser kochen.
3. Kurz vor dem Servieren die restliche Butter und die al dente gekochten Rigatoni dazugeben und mit frisch geriebenem Parmesan bestreuen.

PRO PORTION:
626 Kalorien; 8,4 g Ballaststoffe

Kürbis-Gnocchi

*1,5 kg im Backofen gegartes Kürbisfleisch,
6 dl Salzwasser, Mehl, Butter,
Salbei, frischer geriebener Parmesan*

ZUTATEN FÜR 6 PERSONEN

WEINE: *Die Einfachheit dieses Rezepts wertet die verwendeten Zutaten auf. Der saftige, üppig-süßliche Geschmack kommt durch das leichte Salbeiaroma ideal zur Geltung. Dazu empfiehlt sich ein junger, duftiger Weißwein mit blumig-fruchtiger Note, schmeichelnder Weichheit, frischer Säure, dabei kräftig und robust wie der Cortese di Gavi, der Bianco di Custoza, der Pomino bianco oder der Leverano bianco.*

ZUBEREITUNG

1. Das abgekühlte Kürbisfleisch durchpassieren und zusammen mit dem Salzwasser erwärmen. Nach und nach soviel Mehl zugeben, das eine nicht zu feste Masse entsteht, die sich von den Wänden des Topfs löst.
2. Die Kürbismasse auf einem Nudelbrett ausstreichen, auskühlen lassen und dann mit bemehlten Händen kleine Gnocchi formen.
3. Die Gnocchi in ausreichend Salzwasser kochen und mit zerlassener Butter, Salbei und frisch geriebenem Parmesan servieren.

PRO PORTION:
270 Kalorien; 1,8 g Ballaststoffe

Risotto mit Kürbis

400 g Kürbis, 400 g Risotto-Reis,
Fleischbrühe (die doppelte Menge des Reises),
100 g Butter, 100 g frisch geriebener Parmesan

ZUTATEN FÜR 6 PERSONEN

WEINE: *Zu diesem Klassiker der Küche der Poebene mit seinem aromatisch-süßen, deftigen Geschmack paßt ein junger, eventuell moussierender Rotwein mit dem intensiven Duft nach Trauben und Früchten, frisch mit wenig Tannin, rund und kräftig wie der Grignolino d'Asti, der Rosso dell'Oltrepò Pavese, der Lambrusco Salamino di Santacroce oder der Colli del Trasimeno rosso.*

ZUBEREITUNG

1. Den in große Stücke geschnittenen Kürbis in wenig Salzwasser kochen, dann abgießen, abkühlen lassen und die Schale entfernen.

2. Reis, Kürbis und Brühe in eine kalte Pfanne geben, vermischen und ca. 15 Min. kochen.

3. Nach Ende der Kochzeit (der Reis sollte noch etwas Biß haben) die Butter unterrühren, den Käse zugeben und servieren. Nach Belieben kann das Risotto noch mit einem Eßlöffel milden Cognacs verfeinert werden.

PRO PORTION:
503 Kalorien; 1,8 g Ballaststoffe

Kürbislasagne

1 kg Kürbis, 500 g Lasagneblätter, 1 mittelgroße, gehackte Zwiebel, 1 kleines Stück Butter, 1 EL Olivenöl, 1 Glas Dessertwein, 1/2 l Béchamelsoße, 200 g Mortadella in kleinen Würfeln, Salz, frisch geriebener Parmesan

ZUTATEN FÜR 6 PERSONEN

WEINE: *Zu dieser köstlichen Mischung aus süßen und deftig-aromatischen Zutaten paßt ein junger, fruchtig-frischer Rotwein mit wenig Tannin und kräftig-rundem Geschmack wie der Freisa di Chieri, der Valcalepio, der Lison-Pramaggiore Refosco, der Sangiovese di Aprilia oder der Pentro di Isernia rosso.*

ZUBEREITUNG

1. Kürbis in Salzwasser kochen. Nudeln in sprudelndem Salzwasser mit einem Schuß Öl al dente kochen und auf einem Küchentuch abtropfen lassen.

2. In der Zwischenzeit die gehackte Zwiebel in Butter und Öl anbraten und mit einem Glas Dessertwein ablöschen.

3. Den Kürbis abgießen, abschälen, zerdrücken und in die Pfanne geben (das Kochwasser aufheben). Mit dem Schneebesen gut unterrühren, damit sich keine Klümpchen bilden, und eventuell ein wenig Kochwasser unterrühren. Dann einen halben Liter Béchamelsoße und die Mortadella dazugeben (die Mischung sollte ziemlich dickflüssig sein).

4. In eine Auflaufform abwechselnd Nudeln, die Kürbismasse und den Parmesan schichten. Butterflocken darüber geben und im vorgeheizten Backrohr (180 bis 200 °C) ca. 30 Min. überbacken.

PRO PORTION:
516 Kalorien; 4,2 g Ballaststoffe

Gnocchetti

MIT BOHNEN, KÜRBIS UND KARTOFFELN

600 g geschälter und in kleine Würfel geschnittener Kürbis, 200 g gekochte Bohnen, 1/2 fein gehackte Zwiebel, 4 reife Tomaten, Salz, Pfeffer, 1 Stückchen Butter, 1 EL Olivenöl

Für die Gnocchetti:

300 g Mehl, lauwarmes Wasser, Salz, frisch geriebener Parmesan, frisch gemahlener schwarzer Pfeffer

ZUTATEN FÜR 6 PERSONEN

WEINE: *Die ungewöhnliche Verbindung aus Kürbis und Bohnen verleiht diesem originellen, süßlich-aromatischen Gericht seinen besonderen Reiz. Man kann dazu einen jungen, trockenen, eventuell auch moussierenden fruchtig-blumigen Rotwein trinken, der sehr frisch und nicht zu kräftig sein sollte wie etwa der Malvasia di Casorzo d'Asti, der Oltrepò Pavese Croatina, der Friuli Grave Merlot, der Chianti di Montalbano oder der Solopaca rosso.*

ZUBEREITUNG

1. Alle Zutaten mit etwas Wasser wie für eine Minestrone kalt aufsetzen und das Ganze ca. 2 Stunden einkochen lassen.

2. Aus Mehl, Wasser und Salz einen elastischen Teig bereiten, der nicht klebrig sein sollte. Aus dem Teig Rollen formen und haselnußgroße Stückchen abschneiden.

3. Die Gnocchetti in Salzwasser kochen, abgießen und zu dem Eintopf geben. Vor dem Servieren mit etwas frisch geriebenem Parmesan und nach Geschmack mit frisch gemahlenem schwarzem Pfeffer bestreuen.

PRO PORTION:

266 Kalorien; 4,8 g Ballaststoffe

Bocconcini aus Würstchen und Kürbis

MIT SCHNITTLAUCH

*150 g würzige, rohe Räucherwürstchen, 1 kg Kürbis,
1 Stückchen Butter, 1 EL Öl, Salz,
Muskatnuß, 1 Bund Schnittlauch*

ZUTATEN FÜR 6 PERSONEN

WEINE: *Bei diesem Gericht dominieren die kräftigen Würstchen und der würzige Schnittlauch. Als Wein dazu empfiehlt sich ein junger, trockener Rotwein mit intensivem Duft nach Trauben, Blüten und Früchten, frischer Säure, kaum tanninhaltig und kräftig wie der Valle d'Aosta Chambave rosso, der Santa Maddalena, der Colli Berici Tocai rosso, der Montescudaio rosso oder der San Severo rosso.*

ZUBEREITUNG

1. Die Würstchen in mundgerechte Happen *(bocconcini)* und den Kürbis in nicht zu kleine Würfel schneiden. In Öl und Butter anbraten und mit Salz und Muskat würzen.

2. Wenn die Kürbisstückchen noch etwas Biß haben, den gehackten Schnittlauch dazugeben und alles gut vermischen.

PRO PORTION:
137 Kalorien; 0,9 g Ballaststoffe

Hühnerbrust mit Kürbis und Vino cotto

3 Hühnerbrüste, 800 g Kürbis, 1 Stückchen Butter,
1 EL Öl, 1 Zweig Salbei,
3 EL Vino cotto (Sirup aus Weinmost)

Zutaten für 6 Personen

WEINE: *Das leichte Salbeiaroma und die feine süße Note des Hühner-*
fleischs in Verbindung mit der Süße des Kürbisses ergeben ein feines,
leichtes Gericht, zu dem sowohl ein Rotwein als auch ein Weißwein
paßt. In beiden Fällen sollte es aber ein leichter junger Wein sein wie
der Oltrepò Pavese Cortese, der Aquileia Verduzzo oder der Feudo dei
Fiori oder bei den Roten der Barbera del Monferato.

ZUBEREITUNG

1. Die Hühnerbrust in Stückchen und den Kürbis in Würfel schneiden.
In Öl und Butter anbraten und mit Salbeiblättern aromatisieren.
2. 3 EL Vino cotto hinzufügen und das Ganze weiterkochen lassen.
3. Mit gerösteten Polentascheiben servieren.

Pro Portion:
516 Kalorien; 4,2 g Ballaststoffe

Geschmortes Schweinefleisch

MIT KÜRBIS

---

350 g Schweinefleisch zum Schmoren, Öl, Butter,
300 g Kürbisfleisch, Brühe, 1 Glas Weißwein,
Zucker oder Honig, Salz, Pfeffer

ZUTATEN FÜR 6 PERSONEN

WEINE: *Das Fleisch und der Kürbis geben diesem Gericht ein köstlich süßliches Aroma mit einer leicht deftigen und aromatischen Note. Gut paßt dazu ein junger Rosé mit dem Duft nach Früchten, Blüten und frischem Gebäck. Er sollte frisch und weich sein wie der Südtiroler Lagrein rosato, der Rosato Castel Grifone, der Rosato di Irpinia oder der Settesoli rosato.*

ZUBEREITUNG

1. Das Fleisch in einer Pfanne mit Butter und ein wenig Öl bei starker Hitze anbraten.
2. Wenn das Fleisch rundum angebraten ist, den in Würfel geschnittenen Kürbis, einen Schöpflöffel Brühe und dann den Wein und etwas Rohrzucker oder Honig dazugeben. Die Hitze reduzieren und für ca. eine halbe Stunde schmoren lassen. Salzen, pfeffern und sehr heiß servieren.

PRO PORTION:
223 Kalorien; 0,5 g Ballaststoffe

Gefüllter Schweinefuß in Vanille

MIT KÜRBISPÜREE

Ca. 1 kg gefüllter Schweinefuß (Cotechino),
2 Päckchen Vanillearoma,
500 g Kürbis in ca. 5 cm breiten Scheiben,
Milch, Salz, Muskatnuß, 100 g Butter und Parmesan

ZUTATEN FÜR 6 PERSONEN

WEINE: *Der deftig-süße Geschmack des Kürbispürees und des Cotechino sowie das ausgeprägte, feine Aroma verlangen nach einem jungen, feurigen Rotwein, der nach roten Früchten und Mandeln duftet, ausgesprochen weich und frisch ist, wenig Tannin enthält und nicht zu kräftig ist wie der Oltrepò Pavese Barbera, der Gutturnio dei Colli Piacentini, der Lambrusco di Sorbara oder der Marzemino di Isera.*

ZUBEREITUNG

1. Den *Cotechino* in ein Tuch oder Butterbrotpapier einwickeln, zuschnüren und zusammen mit dem Vanillearoma (gibt dem *Cotechino* ein feines, weniger fettes Aroma) in ausreichend kaltes Wasser legen. Auf kleiner Flamme aufkochen und ca. 3 Stunden kochen.
2. Püree: Den Kürbis in Salzwasser kochen. Abgießen und schälen. Passieren und zusammen mit etwas Milch, Salz und Muskatnuß in eine Pfanne geben. Auf kleiner Flamme unter ständigem Rühren kochen. Zum Schluß die Butter unterrühren und nach Geschmack mit frisch geriebenem Parmesan binden.
3. Den *Cotechino* mit dem Püree servieren.

PRO PORTION:
816 Kalorien; 0,5 g Ballaststoffe

Kürbisauflauf

300 g Kürbis, 70 g Butter,

50 g Mehl, ca. 250 ml Milch,

Salz, 100 g Gruyèrekäse, 2 Eier

ZUTATEN FÜR 6 PERSONEN

WEINE: *Das duftende Aroma dieses Gerichts mit einem Hauch von würziger Süße und Üppigkeit verlangt nach einem trockenen, reifen Weißwein mit dem intensiven Duft nach reifen Früchten und vollen Blüten. Er sollte entsprechend weich und nicht zu säurehaltig, dabei aber kräftig und robust sein wie der Isonzo Malvasia Istriana, der Chardonnay di Miralduolo, der Saline bianco oder der Bianco Allavam di Agrigento.*

ZUBEREITUNG

1. Den Kürbis in kleine Stücke schneiden und in Salzwasser 15 Min. kochen. Anschließend passieren.

2. Aus der Butter, dem Mehl und der Milch eine dickflüssige Béchamelsoße zubereiten. Nach dem Kochen salzen und den in hauchdünne Scheiben geschnittenen Käse dazugeben und gut umrühren.

3. Die Béchamelsoße zu dem Kürbismus geben. Die zwei Eier trennen, Eigelbe nacheinander untermischen und zum Schluß das zu Eischnee geschlagene Eiweiß unterheben.

4. Eine Form einfetten und die Mischung einfüllen. 30 bis 40 Min. bei mittlerer Hitze (180 °C) backen.

PRO PORTION:

254 Kalorien; 0,6 g Ballaststoffe

Kürbis-Pilz-Auflauf

1 kg Kürbis, 500 g frische Pilze, 1 Knoblauchzehe,
4 EL Ricotta (oder gut ausgedrückter Magerquark),
frisch geriebener Parmesan, 3 Eigelbe, Öl

Zutaten für 6 Personen

WEINE: *Das Besondere dieses Gerichts liegt in seiner außergewöhnlichen Geschmacksvielfalt. Gut paßt dazu ein reifer, trockener Weißwein mit einem fruchtig-blumigen Bouquet und einem leicht würzigen Finale, rund, frisch und kräftig wie der Trentino Pinot Grigio, der Colli Piceni bianco, der Colli Martani Grechetto oder der Castel del Monte bianco.*

ZUBEREITUNG

1. Kürbis in Salzwasser kochen, schälen und passieren.

2. Pilze putzen, in Scheiben schneiden und zusammen mit dem Knoblauch anbraten. Zu dem Kürbismus geben.

3. Das Ganze zurück auf den Herd stellen. Den Ricotta, den Parmesan und die Eigelbe unterrühren, bis sich eine homogene Masse bildet.

4. Die Masse in Butterbrotpapier einschlagen, in eine geölte Form legen und im vorgeheizten Ofen bei 180 bis 200 °C 30 bis 40 Min. backen.

Pro Portion:
188 Kalorien; 2,6 g Ballaststoffe

Kürbis-Spinat-Strudel

———✦———

200 g Mehl, 1 Ei, Milch, 1 kg Kürbis, Muskatnuß,
Schale einer Zitrone, Parmesan, Salz, 500 g Spinat,
50 g Butter, 300 g Ricotta (oder gut ausgedrückter
Magerquark), Pfeffer, 6 Salbeiblätter

Zᴜᴛᴀᴛᴇɴ ꜰüʀ 6 Pᴇʀsᴏɴᴇɴ

WEINE: *Das verführerische Aroma des Strudels und sein ausgeprägter, süßlich-würziger Geschmack legen bei der Wahl des Weins einen ausgereiften, trockenen Weißwein mit dem Bouquet gelber Früchte und Wiesenblumen nahe. Er sollte weich, spritzig und kräftig sein wie der Monsupello bianco, der Lison-Pramaggiore Pinot bianco, der Epomeo bianco oder der Castelvecchio bianco aus der Gegend um Trapani.*

ZUBEREITUNG

1. Aus Mehl, Ei und Milch einen Teig bereiten und einige Minuten kneten, dann in ein Tuch einschlagen und im Kühlschrank ruhen lassen.

2. Den Kürbis im Backofen oder in Salzwasser garen, auskühlen lassen und das Fruchtfleisch passieren.

3. Den Brei in eine Pfanne geben und mit Muskatnuß, geriebener Zitronenschale, frisch geriebenem Parmesan und Salz würzen und in den Kühlschrank stellen.

4. Den Spinat hacken und mit der Butter in einer Pfanne andünsten. Salz, Muskatnuß, Ricotta, 50 g frisch geriebenen Parmesan und Pfeffer unterrühren.

5. Den Teig mit einem Nudelholz zu einem Rechteck von ca. 30 x 20 cm ausrollen, oder – für zwei kleine Strudel – zwei Rechtecke ausrollen. Auf dem Teig zuerst die Kürbis- und darüber die Spinatmasse verteilen,

dabei die Ränder aussparen. Dann der Länge nach zu einem Strudel rollen. In ein weißes Tuch wickeln, zusammenbinden und für ca. 15 Min. in kochendem Salzwasser garen.

6. Den Strudel im Kühlschrank auskühlen lassen, danach in Scheiben schneiden. Eine feuerfeste Form mit den Strudelscheiben auslegen, diese mit Butter, Salbei und geriebenem Parmesan bestreuen und im Ofen für einige Minuten überbacken. Heiß servieren.

Pʀᴏ Pᴏʀᴛɪᴏɴ:
361 Kalorien; 2,8 g Ballaststoffe

Stockfisch mit Zwiebeln und Kürbis

300 g zuvor gewässerter und gesäuberter Stockfisch, Mehl,
Fritierfett, 1 gehackte Zwiebel, 2 EL Olivenöl,
200 g Tomatenfruchtfleisch, 1 kg Kürbisfleisch,
Muskatnuß, Ingwer, Instantbrühe, Parmesan

ZUTATEN FÜR 4 PERSONEN

WEINE: *Der dieses Gericht dominierende Geschmack des getrock-*
neten und gesalzenen Fischs wird durch den leicht süßen Geschmack
des Kürbisses und das Aroma der Gewürze harmonisiert. Der Wein
dazu sollte weiß und nicht zu jung sein und ein ausgeprägtes, fruchtig-
blumiges Bouquet haben. Er sollte trocken, sehr weich, angenehm frisch
und kräftig sein wie ein Colli Berici Riesling Renano, ein Collio Tocai,
eine Vernaccia di San Gimignano oder ein Castel del Monte bianco.

ZUBEREITUNG

1. Die Stockfischscheiben mit Mehl bestäuben und in heißem Fett fritieren.
Wenn sie schön goldbraun sind, aus dem Öl nehmen und auf Küchenpapier abtropfen lassen.
2. Die gehackte Zwiebel in Olivenöl anbraten, das Tomatenfruchtfleisch
und den gewürfelten Kürbis dazugeben; wenn alles gut angebraten ist,
den Stockfisch und die Gewürze zufügen und bei schwacher Hitze köcheln
lassen. Zum Schluß mit frisch geriebenem Parmesan bestreuen.

PRO PORTION:
123 Kalorien; 1,8 g Ballaststoffe

ANMERKUNG: *Dieses Rezept stammt aus Villastradese und wurde bisher*
nur mündlich an die nächste Generation weitergegeben.

Kürbisgebäck

(Ricciolini di zucca)

*350 g Mehl, 150 g Stärke, 150 g Kürbismus, 2 Eigelb,
175 g Butter, 1 Päckchen Hefe,
1 Glas Sambuca oder süßen Likör,
Schmalz, 200 g Zucker, 1 Eiweiß*

Zutaten für 6 Personen

WEINE: *Zu diesem kräftigen, süßlich-aromatischen Gebäck paßt am besten ein junger, weißer Süßwein mit viel Frucht, frischer Säure und vollmundigem und kräftigem Geschmack wie der Loazzolo, der Colli Orientali dei Friuli Picolit oder der Moscato di Trani Liquoroso.*

ZUBEREITUNG

1. Das Mehl und die Stärke aufhäufen, in der Mitte eine Mulde formen, alle Zutaten bis auf das Eiweiß und den Zucker hineingeben und alles zu einem Teig verarbeiten. Wenn ein homogener, nicht zu weicher Teig entstanden ist, mit einem Nudelholz ca. 1 cm dick ausrollen.

2. Mit Förmchen (in Italien gibt es dafür spezielle Förmchen in Form von Löckchen, sog. *ricciolini*) die Plätzchen ausstechen und auf ein eingefettetes Backblech legen. Mit nicht zu fest geschlagenem Eiweiß bestreichen und mit dem Zucker bestreuen.

3. In den Backofen schieben und bei 180 °C 20 Min. backen, bis sie Farbe annehmen. Vor dem Servieren auskühlen lassen.

PRO PORTION:
221 Kalorien; 0,4 g Ballaststoffe

Kürbiskuchen

*1 kg Kürbis, 150 ml Milch, 50 g Mandeln, 10 Amaretti,
100 g Zucker, 1 EL Kakao, 150 g Kartoffelstärke, 3 Eier,
50 g Butter, 1 Päckchen Hefe, etwas Vanillearoma, Salz*
Für die Form: *Butter und Semmelbrösel*

ZUTATEN FÜR 6 PERSONEN

WEINE: *Ein klassisches Rezept für einen köstlichen, gehaltvollen Kuchen voller Süße und Würze. Als Wein empfiehlt sich ein junger, weißer Süßwein mit dem intensiven Duft nach Blumen, lebendig und frisch, rund und kräftig wie der Torcolano di Breganze, der Colli Piacentini Malvasia dolce oder der Frascati Cannellino dolce.*

ZUBEREITUNG

1. Den Kürbis schälen, entkernen und von den Fasern befreien, in Stücke schneiden und im geschlossenen Topf mit Milch kochen, bis er weich wird. Dann mit einer Gabel zerdrücken und so lange rühren, bis sich Kürbis und Milch verbunden haben.

2. Unter ständigem Rühren noch 5 Min. weiterkochen, um die Flüssigkeit so weit als möglich zu reduzieren, dann abkühlen lassen.

3. In der Zwischenzeit Mandeln und Ameretti fein hacken, Zucker, Kakao, Stärke, Eigelb (Eiweiß aufheben), Butter, Hefe, Vanillearoma und zum Schluß die Kürbismasse dazugeben, alles gut vermischen. Eiweiß mit einer Prise Salz zu Schnee schlagen, nach und nach unter die Kürbismasse heben.

4. Eine Form einfetten und mit Semmelbröseln ausstreuen, den Teig einfüllen und im vorgeheizten Ofen bei 180 °C eine Stunde backen.

5. Den Kuchen ausgekühlt servieren.

PRO PORTION:
449 Kalorien; 2,6 g Ballaststoffe

Kürbisplätzchen

1,6 kg Mehl, 750 g Speisestärke, 700 g Butter,
1,2 kg Kürbismus, 1 Gläschen Sambuca, 2 Päckchen Hefe,
6 Eigelb und 2 Eiweiß, 800 g Zucker
Zum Bestreichen: *4 Eiweiß, Zucker*

Zutaten für ca. 100 Plätzchen

WEINE: *Zu diesen süßen, aromatischen Plätzchen paßt ausgezeichnet ein lieblicher oder süßer, gehaltvoller Weißwein mit intensivem Duft nach reifen Früchten und Gewürzen sowie einer frischen Säure wie der Erbaluce di Caluso passito, der Colli Orientali dei Friuli Verduzzo di Ramandolo oder der süße Moscato di Pantelleria.*

ZUBEREITUNG

1. Mehl und Stärke aufhäufen und nach und nach mit der weichen Butter und den anderen Zutaten bis auf das Eiweiß und den Zucker vermengen, bis ein elastischer und homogener Teig entsteht.
2. Den Teig ca. 20 Min. ruhen lassen und dann zu Stäbchen formen. Die Stäbchen auf ein eingefettetes Blech legen, mit dem geschlagenen Eiweiß bestreichen und mit Zucker bestreuen.
3. Bei 150 °C ca. 30 Min. backen, bis sie goldbraun sind.

Pro Plätzchen:
80 Kalorien; 0,5 g Ballaststoffe

Gewürzkuchen mit Kürbis

600 g Kürbisfleisch, 5 Gewürznelken, 5 g Kardamom, 5 g Zimt, 300 g Mehl, Salz, 1 Päckchen Hefe, 3 Eier, 250 g Zucker, 200 g Rosinen, 4 EL Olivenöl, 1 EL Puderzucker zum Bestäuben

ZUTATEN FÜR 8 BIS 10 PERSONEN

WEINE: *Die vielen verschiedenen Zutaten ergeben einen saftig-süßen und würzigen Kuchen, zu dem ein süßer Weiß- oder Rotwein bzw. ein Likörwein oder ein Likör paßt. Er sollte ein intensives Aroma von Früchten, Blumen und eventuell auch Gewürzen haben, aber auch frisch und sehr kräftig sein wie der Moscato rosa dell'Alto Adige, der Vin Santo del Chianti oder der Girò di Cagliari liquoroso dolce.*

ZUBEREITUNG

1. Eine Kuchenform einfetten. Den Kürbis in ca. 2 cm dicke Scheiben schneiden und in der Form verteilen. Bei 180 °C ca. 15 Min. im Ofen garen, bis das Fruchtfleisch schön weich ist, und noch heiß passieren.

2. Die Gewürze zu feinem Pulver mahlen. In einer Schüssel das gesiebte Mehl mit Salz, den Gewürzen und der Hefe vermischen.

3. In einer anderen Schüssel das Eigelb mit dem Zucker verschlagen, den durchpassierten Kürbisbrei, die Rosinen und das Öl zugeben und gut vermischen. Nach und nach das Mehlgemisch unterrühren.

4. Eine zweite Tortenform einfetten und den Teig einfüllen. Die Oberfläche gut glattstreichen und im vorgeheizten Backofen bei 180 °C ca. eine Stunde backen. Nach dem Auskühlen mit Puderzucker bestäuben.

PRO PORTION:
349 Kalorien; 2,9 g Ballaststoffe

Kürbis-Süßspeise

1 l Milch, 1 kg gekochter Kürbis, 100 g Zucker,
150 g gehackte Mandeln, 150 g zerbröselte Amaretti,
1 EL Speisestärke, 1 Tütchen Safran,
zerkleinerte Zimtstange
Zum Auslegen der Form:
Löffelbisquit, 1 Gläschen Amaretto, 1 Glas Milch

Für die Soße:
100 g Schokolade,
2–3 EL Mus aus gekochtem und durchpassiertem Kürbis

Zutaten für 10 Personen

ZUBEREITUNG

1. Alle Zutaten in einem Topf kalt aufsetzen und unter Rühren aufkochen, bis sich alles gut miteinander verbunden hat. Abkühlen lassen.

2. In der Zwischenzeit die Löffelbisquits mit einer Mischung aus Amaretto und Milch tränken. Damit die Wände einer runden Glasform auslegen.

3. Die Form mit der gut ausgekühlten Creme füllen und mit den restlichen getränkten Löffelbisquits abdecken. Für ein paar Stunden in den Kühlschrank stellen.

4. Den *zucchotto* auf eine runde Platte stürzen und mit der im Wasserbad geschmolzenen und mit 2–3 EL Kürbismus vermischten Schokolade begießen.

PRO PORTION:
452 Kalorien; 2,4 g Ballaststoffe

WEINE: *Die besonderen und für die klassische regionale Süßspeisenküche typischen Zutaten verleihen dem Gericht einen absolut erlesenen und feinen Charakter aus üppiger Süße, Saftigkeit und aromatischer Würze. Als Wein empfiehlt sich ein weißer Dessertwein mit intensivem Duft und den Aromen getrockneter oder reifer Früchte und Gewürze, mit frischer Säure und viel Gehalt wie der Trentino Vin Santo, der Marsala Oro Superiore Riserva oder der Vernaccia di Oristano Liquorosa.*

Kürbisstrudel

600 g Kürbisfleisch, 1 Renette-Apfel, 200 g Zucker,
1 Zitrone, 50 g Rosinen, 30 g Pinienkerne, 1 TL Zimt,
1 Packung tiefgekühlter Blätterteig, 20 g Butter, 1 Eigelb

ZUTATEN FÜR 4 PERSONEN

WEINE: *Zu diesem klassischen Dessert voll üppiger Süße und dem feinen Aroma der Gewürze sollte man einen jungen weißen Süßwein mit intensivem und lang anhaltendem Duft nach reifen und getrockneten Früchten, nach Gewürzen und Blumen wählen. Frisch, vollmundig und kräftig sollte er sein wie der Südtiroler Moscato giallo dolce, die Beerenauslese Erbaluce di Caluso oder der natursüße Malvasia delle Lipari.*

ZUBEREITUNG

1. Den Kürbis und den Renette-Apfel in Stücke schneiden und 15 Min. unter ständigem Rühren kochen, bis die Flüssigkeit verdampft ist.
2. Nach dem Abkühlen 2 EL Zucker, die abgeriebene Schale einer halben Zitrone und zwei EL Zitronensaft zufügen. Noch nicht zerkochte Kürbis- und Apfelstücke mit einer Gabel zerdrücken. Dann die Rosinen, die Pinienkerne, den restlichen Zucker und den Zimt untermengen.
3. Die Masse auf dem ausgerollten Blätterteig verteilen und mit Butterflocken bestreuen.
4. Zusammenrollen und in eine gefettete Form legen. Mit Eigelb bestreichen und bei 180 °C 40 bis 45 Min. backen.
5. Kalt servieren.

PRO PORTION:
630 Kalorien; 3,3 g Ballaststoffe

Kürbiseis

400 g Kürbis, 3 dl Milch, 1/2 Vanilleschote,
125 g Zucker, 7 Amaretti, 2 EL Maraschino

ZUTATEN FÜR 6 PERSONEN

WEINE: *Zu Eis läßt sich kein Wein empfehlen, da es für Wein zu kalt gegessen wird und seine Zutaten nicht zu Wein passen.*

ZUBEREITUNG

1. Den Kürbis sorgfältig putzen, schälen und in Stücke schneiden. Zusammen mit der Milch und dem Inneren der Vanilleschote kochen.

2. Den Zucker zufügen, gut umrühren und ein paar Minuten auskühlen lassen.

3. Alles, auch die dicke Flüssigkeit am Boden, mit dem Handrührgerät verquirlen, die Amaretti und den Likör dazugeben. Wenn die Mischung kalt ist, in die Eismaschine füllen und das Eis wie gewohnt zubereiten.

PRO PORTION:
205 Kalorien; 1 g Ballaststoffe

Berühmte Köche und ihre Kürbisrezepte

»Caecilius ist ein Kürbisschinder, den Kürbis pflegt er, wie Thyestes' Kinder, in tausend Teile zu zerschneiden und zerreissen. Als Vorspeis kriegst du Kürbis schon zu beissen, ihn bringt der erste und der zweite Gang herbei, ihn bringt der dritte Gang erneut, ganz einerlei, von Kürbis richtet er den späten Nachtisch an, der Bäcker backt davon die faden Kuchen dann, macht Schichtgebäck davon, wie man es nennt, und Datteln, die man vom Theater kennt; der Koch stellt noch verschiedene Häppchen her, als ob es, denkst du, Linsen oder Bohnen wärn; auch Pilze oder Würstchen kann er machen, den Thunfischschwanz, den kurzen Sint und andere Sachen.«*

In diesem Teil des Buchs geht es in erster Linie um die kulinarische Wandlungsfähigkeit des Kürbisses. Wir werden sehen, wie die Küchenchefs von heute, ohne wesentlichen Unterschied zum Koch und Speisemeister Caecilius, aus dem Kürbis alle erdenklichen Leckerbissen zubereiten, von der Vorspeise bis zum Dessert, mit Resultaten, die sicherlich auch Martial zufriedengestellt hätten.

*Martial, Epigramme, XXI, 31

Flußkrebs-Gratin

MIT GELBEM KÜRBIS UND BLATTSPINAT

200 g geputzten, gelben Kürbis,
1 Bund frische Kräuter aus Thymian, Petersilie, Selleriegrün und
Estragon, 1 Glas trockener Weißwein, 2 kg lebende Flußkrebse,
3 Handvoll Blattspinat, Olivenöl, Butter, Salz,
2 dl frische Sahne, 6 Eigelbe, 1 TL Tomatenmark, Pfeffer

ZUTATEN FÜR 4 PERSONEN

WEINE: *Der ausgesprochen feine Geschmack der Krebsschwänze,*
die schmeichelnde Süße des Kürbis und die cremige Sahne in Verbindung
mit dem duftenden Aroma der Kräuter harmonieren perfekt mit einem
jungen, trockenen Weißwein mit intensivem Bouquet, leichter Würze
und dem Duft von Kräutern, Blumen und Früchten. Er sollte sehr
frisch und nicht zu kräftig sein wie der Südtiroler Veltliner, der Colli
Bolognesi Sauvignon oder der Menfi bianco Feudo dei Fiori.

ZUBEREITUNG

1. Den Kürbis im Backofen garen und dann passieren.

2. 4 bis 5 l Salzwasser zusammen mit den Kräutern und dem Wein zum Kochen bringen. Mindestens 5 Min. sprudelnd kochen lassen, die Krebse zufügen und 3 Min. mitkochen. Abseihen, mit kaltem Wasser abschrecken und Schalen entfernen.

3. Die ungekochten Spinatblätter in Öl, Butter und Salz schwenken, abtropfen lassen und warmstellen.

4. Sahne, Kürbispüree, Eigelbe, Tomatenmark, Salz und Pfeffer mit einem Schneebesen kräftig verrühren. Diese Creme in einer Pfanne mit schwerem Boden auf kleiner Flamme unter ständigem Rühren kochen, bis eine dicke Creme entsteht.

5. Die fertige Creme in eine Auflaufform geben. Die Krebsschwänze und den Spinat gleichmäßig darauf verteilen und einigen Minuten gratinieren, bis sie eine schöne goldbraune Farbe annehmen.

PRO PORTION:
533 Kalorien; 1,1 g Ballaststoffe

ANMERKUNG: *Dadurch, daß die Krebsschwänze fast völlig in der Creme versinken und der Spinat an der Oberfläche bleibt, wirkt das Gericht auch farblich sehr reizvoll.*

Kürbissoufflé »Ippolito Cavalcanti«

800 g Kürbis, 80 g in Milch eingeweichtes Brot,
100 g geriebener, milder Provola (Büffelmilchkäse),
4 Eier, Salz, Semmelbrösel

Für die Soße:
70 g Fontina-Käse, 1 dl Milch, 1 Eigelb, 1 Bund Petersilie

Zutaten für 4 Personen

ZUBEREITUNG

1. Den Kürbis bei 180 °C im Backofen weich garen und passieren.

2. Das eingeweichte Brot, den geriebenen Käse und die Eigelbe zugeben und salzen. Eiweiße zu steifem Eischnee schlagen und vorsichtig unter die Kürbismasse heben.

3. Eine Form einfetten und mit Semmelbröseln ausstreuen. Bis zur Hälfte mit der Kürbismasse füllen und im Wasserbad im 180 °C heißen Backofen für 20–25 Min. backen.

4. Für die Soße: Auf kleiner Flamme den Fontina-Käse in der Milch schmelzen. Abkühlen lassen, bis die Soße lauwarm ist, und dann das Eigelb und die fein gehackte Petersilie dazugeben.

5. Soße auf eine Platte gießen und das gestürzte Soufflé daraufsetzen.

PRO PORTION:
324 Kalorien; 1,6 g Ballaststoffe

WEINE: *Ein überaus köstliches Gericht, bei dem die speziellen Zutaten den süßen Geschmack klar vor allen anderen Geschmacksrichtungen hervortreten lassen. Es empfiehlt sich daher ein junger und leichter, fruchtig-blumiger Rotwein mit sehr frischer Säure, kaum Tannin und Fülle wie der Friuli-Grave Merlot oder der Cilento rosso.*

ANMERKUNG: *Dieses Rezept stammt aus dem Buch »Cucina teorico pratica« von Ippolito Cavalcanti, dem Duca von Buonvicino, der im 19. Jahrhundert am Napoletanischen Hof Rezepte aus der Küche des Südens sammelte. Dort findet sich auch in eine süße Version mit Zucker und dann natürlich ohne Käse.*

Fritierter Kürbis sizilianische Art

800 g geputzter Kürbis,
1 Glas Öl,
1 Knoblauchzehe,
1 Glas Essig,
ca. 20 schwarze, sizilianische Oliven,
frische Minze zum Garnieren

ZUTATEN FÜR 4 PERSONEN

WEINE: *Seinen kräftigen Geschmack erhält dieses Gericht durch das Öl und den Essig, die sich mit der Süße des Kürbisses harmonisch verbinden. Der Wein dazu sollte weiß, jung und trocken, aber auch weich und eventuell ein wenig moussierend sein, mit intensiv fruchtiger Note, frischer Säure und entsprechend gehaltvoll wie der Colli Berici Garganega oder der Soave frizzante.*

ZUBEREITUNG

1. Kürbis in Stücke schneiden und für einige Stunden in Salzwasser legen.
2. Abseihen, trockentupfen und in heißem Öl anbraten. Aus dem Öl nehmen und beiseite stellen.
3. Knoblauch in dem verbliebenen Öl anbraten. Wenn er angebräunt ist, die Kürbisstücke zurück in die Pfanne legen, damit sie das Knoblaucharoma annehmen. Den Essig dazugeben und zugedeckt ca. 5 min durchziehen lassen.
4. Vor dem Servieren nach Geschmack die angebratenen sizilianischen Oliven und die frische Minze hinzufügen.

PRO PORTION:
101 Kalorien; 2 g Ballaststoffe

Marinierter Kürbis

800 g Kürbis,
Salz, Erdnußöl zum Fritieren
Mehl, 6 Knoblauchzehen,
4 EL Petersilie, Essig

ZUTATEN FÜR 4 PERSONEN

WEINE: *Diese raffinierte Vorspeise beschert ein fein aufeinander abgestimmtes Duft- und Geschmackserlebnis. Gut paßt dazu ein leichter, junger Weißwein mit Fruchtnoten wie der Oltrepò Pavese Cortese oder der Bianco Vergine Valdichiana.*

ZUBEREITUNG

1. Kürbis in Streifen schneiden. Salzen, in ein Sieb geben und für 2 bis 3 Stunden mit einem Gewicht beschwert ziehen lassen, um die Flüssigkeit zu entziehen.

2. Ausreichend Erdnußöl in einer Pfanne erhitzen.

3. Kürbis mit Mehl bestäuben und überschüssiges Mehl abklopfen. In dem Öl auf beiden Seiten goldbraun anbraten. Anschließend auf Küchenpapier gut abtropfen lassen.

4. Knoblauch und Petersilie fein hacken und mit Essig vermischen.

5. Den gebratenen Kürbis auf einer ovalen Platte anrichten und mit der Essigmarinade gleichmäßig beträufeln.

6. Mindestens 4 bis 6 Stunden durchziehen lassen und kalt oder lauwarm, als Vorspeise oder Beilage servieren.

PRO PORTION:
82 Kalorien; 1,3 g Ballaststoffe

Kürbistörtchen alla quistellese

4 dünne Kürbisscheiben von je ca. 40 g,
je 1/2 Glas Fritieröl, 300 g fein gehobelter Parmesankäse,
50 g frische Butter, Vino cotto (Sirup aus Weinmost)

Zutaten für 4 Personen

WEINE: *Dieses einfache, aber köstliche Gericht mit seinem runden,*
harmonischen Geschmack verlangt nach einem jungen und trockenen,
mäßig strukturierten Weißwein mit intensivem Duft nach Früchten
und Blumen, spritzig und kraftvoll wie der Lugana oder der Lison-
Pramaggiore Verduzzo.

ZUBEREITUNG

1. Kürbisscheiben in reichlich heißem Öl anbraten und auf Küchenpapier abtropfen lassen.

2. Aus den Kürbisscheiben, den Käsescheibchen und Butterflöckchen eine kleine Torte schichten und auf ein Backblech setzen.

3. Bei 120 °C im Backofen 7 Min. goldbraun überbacken.

4. Als Vorspeise noch warm und nach Belieben mit Vino cotto servieren.

PRO PORTION:
397 Kalorien; 0,3 g Ballaststoffe

Kürbistörtchen

MIT SCHWARZEN TRÜFFELN

150 g Nudelteig, 300 g Kürbisfleisch,
3 EL frisch geriebener Parmesan, 2 TL gehackte Schalotten, 7 g
Butter, 1 schwarze Trüffel, 1/2 Schöpflöffel Brühe, Salz, Pfeffer,
1 1/2 EL gehackte Nüsse, Olivenöl extra vergine
und Petersilie zum Garnieren

ZUTATEN FÜR 6 PERSONEN

ZUBEREITUNG

1. Den Teig sehr dünn ausrollen und 24 gleich große Kreise ausstechen. Auf ein Backblech legen, beschweren und im Ofen bei 120 bis 130 °C für ca. 15 Min. backen, bis sie goldbraun und kroß sind.

2. Kürbisfleisch im Heißluftofen (oder in der Mikrowelle) garen, bis es weich ist. Eventuell mit Backpapier abdecken, damit es außen nicht zu trocken wird.

3. Kürbisfleisch passieren und mit dem geriebenen Parmesan vermischen.

4. In einer kleinen Pfanne die gehackten Schalotten in Butter anschwitzen und die ebenfalls gehackte Trüffel dazugeben. Mit Brühe ablöschen, einkochen lassen und zu dem Kürbispüree geben. Mit Salz und Pfeffer abschmecken und die grob gehackten Nüsse unterrühren.

5. Abwechselnd einen Teigboden und einen Löffel Kürbispüree aufeinanderlegen, bis man vier Schichten Teig und drei Schichten Füllung hat. Die Törtchen auf einer Platte anrichten, mit einem Schuß Olivenöl beträufeln und mit Petersilie garnieren. Lauwarm servieren.

WEINE: *Ein köstliches Zusammenspiel aus geschmacklich unterschiedlichen Zutaten, die sich nicht gegenseitig überdecken und den typischen süßen Grundgeschmack bewahren. Der Wein dazu sollte ebenso vielschichtig und elegant sein. Es empfiehlt sich daher ein junger, trockener, nicht zu kräftiger Weißwein mit ausgesprochener Blumen- und Fruchtnote und spritziger Säure, etwa der Terlano Pinot Grigio oder der Bianchello d'Ischia.*

PRO PORTION:
198 Kalorien; 0,9 g Ballaststoffe

Marinierter Kürbis

1 Stück geschälter und entkernter Kürbis von 600 g,
3 EL Olivenöl extra vergine,
10 g grobes Salz, schwarzer Pfeffer,
4 getrocknete Lorbeerblätter, 2 Pfefferminzblätter

Für die Marinade:
150 ml Rotwein, 100 ml Weinessig,
2 EL Zucker

ZUTATEN FÜR 6 PERSONEN

ZUBEREITUNG

1. Den Kürbis in möglichst gleichmäßige Stücke schneiden und in einer beschichteten Pfanne in Olivenöl unter mehrmaligem Wenden anbraten. Salzen und pfeffern und bei mittlerer Hitze noch einige Minuten braten, bis sich eine goldbraune Kruste bildet.

2. Die Kürbisstückchen einen Moment auf Küchenpapier abtropfen lassen, dann in eine feuerfeste Form geben und die Lorbeer- und Pfefferminz- (oder Basilikum-)Blätter darauf verteilen.

3. In einer Pfanne Wein, Essig und Zucker aufkochen und über die Kürbisstücke gießen. Form fest verschließen und mindestens 3 Stunden durchziehen lassen.

4. Mit Olivenöl beträufeln und servieren.

WEINE: *Wegen des intensiven Essig- und Pfefferminzaromas sollte man zu dieser Vorspeise eigentlich keinen Wein trinken. Um die Gäste aber nicht ganz ohne Wein zu lassen, kann man eventuell den als Aperitif gereichten Wein dazu servieren, es sei denn, er ist ausgesprochen säurehaltig.*

PRO PORTION:
126 Kalorien; 0,8 g Ballaststoffe

Kürbis alla murgese

1 kg Kürbis, 1 kg frische Morcheln,
2 zerdrückte Knoblauchzehen,
1 dl Olivenöl extra vergine,
Salz, Pfeffer, Petersilie, Oregano, Knoblauch

ZUTATEN FÜR 6 PERSONEN

ZUBEREITUNG

1. Kürbis schälen und in Würfel schneiden. Pilze putzen und in eher dicke Scheiben schneiden.

2. Knoblauch in Öl goldbraun anbraten und dann den Kürbis und die Pilze dazugeben. Mit Salz und Pfeffer abschmecken und ca. 20 Min. schmoren lassen.

3. Am Ende der Kochzeit mit Petersilie, Oregano und einer Messerspitze Knoblauch würzen.

WEINE: *Die wenigen Zutaten dieses einfachen Rezepts verleihen diesem köstlichen Gericht einen rustikal-unverfälschten, süßlich-aromatischen Geschmack. Dazu paßt ein nicht zu trockener und nicht zu junger, gut strukturierter Weißwein mit kräftig-rundem, blumigem Aroma, frischer Säure und entsprechendem Alkoholgehalt wie z. B. der Castel Monte bianco oder der Montecarlo bianco.*

ANMERKUNG: *Wenn Sie noch 300 g kleine, süße Tomaten dazugeben, erhalten Sie eine köstliche Soße zu allen Arten von Hartweizennudeln.*

PRO PORTION:
183 Kalorien; 4,3 g Ballaststoffe

Cresc Tajat*

MIT HASENRAGOUT, TOMATEN UND NETZKÜRBIS**

Für die Soße:

4 reife Tomaten, 2 Hasenkeulen,
400 g Netzkürbis oder andere Kürbissorte, 1 Schalotte,
1 dl Olivenöl, Salz, Pfeffer, 10 Basilikumblätter

Für die »cresc tajat«:

80 g Polenta,
160 g Weizenmehl,
1 EL frisch geriebener Parmesan

ZUTATEN FÜR 4 PERSONEN

WEINE: *Zu diesem geschmackvollen und ausgewogenen Gericht mit seinem erstaunlich runden Geschmack – ein Resultat der vortrefflichen Auswahl und Dosierung der Zutaten – gehört ein gut strukturierter, junger Rotwein mit intensiv-fruchtigem Bouquet und wenig Tannin, weich und entsprechend kräftig wie der Teroldego Rotaliano oder der Oltrepò Pavese Pinot Nero.*

ZUBEREITUNG

1. Tomaten enthäuten, Hasenkeulen entbeinen und von Haut und Sehnen befreien, Kürbis putzen und alles in Würfel schneiden.
2. In einer beschichteten Pfanne die gehackte Schalotte anbräunen, Hasenstücke, Tomaten und Kürbis dazugeben, salzen und pfeffern; am Ende der Kochzeit das fein geschnittene Basilikum dazugeben.
3. Aus Polenta und Mehl einen Teig machen und viele Teigschichten ausrollen, übereinanderlegen und schneiden.
4. Die Teigstücke in Salzwasser kochen. Dann in einer Pfanne in der Soße schwenken, mit Parmesan bestreuen und heiß servieren. Mit Basilikumblättchen garnieren.

* Ein typisches Gericht aus den Marken mit viereckig geschnittenen Nudeln aus Polenta und Weizenmehl mit Käse überbacken.
** Ein runder, orangengroßer Kürbis mit einer faserigen, grünen Schale. Man verwendet nur das weißliche Fleisch.

PRO PORTION:

453 Kalorien; 4,1 g Ballaststoffe

Nudeln mit Kürbis-Kartoffel-Füllung

AUF DEM HEISSEN STEIN

*100 g Kartoffeln, 100 g Kürbis, 3 g Knoblauch,
40 g Schweinespeck, Salz, 40 g Parmesan, 2 Eier*

Für den Teig:

400 g Mehl, Salz, Wasser

ZUTATEN FÜR 4 PERSONEN

ZUBEREITUNG

1. Kartoffeln kochen, schälen und passieren.

2. Kürbis schälen, in kleine Stückchen schneiden und im Ofen bei 180 °C weichgaren. Dann ebenfalls passieren.

3. In der Zwischenzeit den fein geschnittenen Knoblauch und den Speck anbraten.

4. Kartoffeln und Kürbis mit Salz, frisch geriebenem Parmesan, den Eiern und dem angebratenen Speck verrühren.

5. Aus 400 g Mehl, etwas Salz und Wasser einen Teig kneten und zu einer dünnen Platte ausrollen.

6. Die vorbereitete Farce in ca. 10x10 cm große Teigtaschen füllen und diese an den Rändern gut verschließen.

7. Eine Platte aus Stein oder Ton auf dem Ofen erhitzen und die Teigtaschen darauf wie Brotscheiben rösten. Statt einer Steinplatte kann auch eine Herdplatte verwendet werden. Heiß servieren.

WEINE: *Zu diesem intensiv süßlichen Gericht mit der feinen Knoblauch-Speck-Note paßt ein ausgereifter, fruchtiger und zugleich frischer Weißwein wie der vollmundige und kräftige Roero Arneis oder der Colli Bolognesi Chardonnay.*

PRO PORTION:

526 Kalorien; 4,9 g Ballaststoffe

Kürbissuppe

MIT GERÖSTETEN MANDELN

2 Zwiebeln, 50 g Butter, 800 g Kürbisfleisch,
Salz und Pfeffer, 1,5 l Hühnerbrühe,
1 Becher frische Sahne, 1 Eigelb,
4 EL geröstete Mandelblättchen

ZUTATEN FÜR 4 PERSONEN

WEINE: *Das Besondere an dieser köstlichen Suppe ist die für die Mantuaner Küche typische Bindung mit Sahne und Ei. Zu ihrem intensiv süßlichen Aroma empfiehlt sich ein leichter Weißwein mit einem kräftigen und blumigen Bouquet, einer weichen, frischen und nicht zu kräftigen Note wie der Tocai di San Martino, della Battaglia oder der Trentino Pinot bianco.*

ZUBEREITUNG

1. Die fein geschnittenen Zwiebeln bei schwacher Hitze in Butter anschwitzen. Wenn sie glasig sind, das in feine Stifte geschnittene Kürbisfleisch mit Salz und Pfeffer dazugeben. Bei schwacher Hitze einige Minuten andünsten, dann mit heißer Brühe aufgießen. Je nachdem, ob die Suppe dünn- oder etwas dickflüssiger werden soll, mehr oder weniger Brühe verwenden. 20 bis 30 Min. bei schwacher Hitze kochen lassen, dann im Mixer pürieren.

2. Zurück auf den Herd stellen und aufkochen. Wenn die Suppe zu dickflüssig ist, mit Brühe aufgießen.

3. Eigelb mit Sahne verrühren und die Suppe nach dem Kochen damit binden. Mit den gerösteten Mandelblättchen bestreuen und servieren.

PRO PORTION:
453 Kalorien; 3,2 g Ballaststoffe

Lasagne mit Kürbis

UND GÄNSELEBER

*400 g frischer Eiernudelteig, 3 Eigelb, 1 dl Weißwein,
30 ml Estragonessig, 70 g frisch geriebener Parmesan,
500 g im Backofen gegartes und passiertes Kürbisfleisch,
500 g Gänseleber, Mehl, Salz, Pfeffer,
50 g zerlassene Butter, 30 g zerbröselte Amaretti,
Thymian, Kerbel, frische Majoranblätter, weiße Trüffel aus Alba*

ZUTATEN FÜR 10 PERSONEN

WEINE: *Zu diesem harmonischen, innovativen Gericht sollte man einen jungen, trockenen Weißwein mit kräftigem und blumigem Bouquet wählen, der weich, frisch und gehaltvoll sein sollte wie der Terlano Pinot Bianco oder der Orvieto Classico.*

PRO PORTION:
333 Kalorien; 1,9 g Ballaststoffe

ZUBEREITUNG

1. Den Eiernudelteig mit einer Nudelmaschine dünn ausrollen und Kreise von ca. 12 cm Durchmesser ausschneiden. In kochendem Salzwasser garen, mit kaltem Wasser abschrecken, abseihen und auf ein sauberes Küchentuch legen.

2. In einer Schüssel Weißwein, Estragonessig, Eigelbe und die Hälfte des Parmesan im Wasserbad bei mittlerer Hitze verquirlen.

3. Von dem passierten, ausgekühlten Kürbisfleisch eventuell vorhandene Flüssigkeit abgießen, das Mus im Mixer pürieren und mit der vorbereiteten Weincreme verrühren.

4. Die Gänseleber in ca. 3–4 mm dicke Scheiben schneiden, mit Mehl bestäuben, salzen und pfeffern. In einer beschichteten, sehr heißen Pfanne auf beiden Seiten anbraten und auf Küchenpapier abtropfen lassen.

5. 10 Förmchen in der Größe der Nudelkreise mit Butter einfetten. Zuerst mit einem Nudelkreis auslegen, darauf eine Schicht Kürbiscreme und eine Scheibe Gänseleber geben und darüber etwas Parmesan streuen. Drei weitere Schichten aufeinanderlegen und mit einem Nudelkreis abdecken.

6. Aus den Förmchen stürzen und auf ein gefettetes Backblech verteilen, mit Parmesan und den zerbröselten Amaretti bestreuen, im Ofen 10 Min. erhitzen und dann 3 Min. gratinieren.

7. Die Lasagne auf Tellern verteilen und mit den Blättern frischer Kräuter garnieren. Nach Geschmack mit einem Hauch weißer Trüffel aus Alba aromatisieren.

Kartoffel-Gnocchetti mit Kürbisfüllung

UND FISCHRAGOUT

Für die Gnocchetti:

1 kg Kartoffeln, 1 Ei, 150 g Mehl,
1 Prise Muskatnuß, Salz

Für die Füllung:

300 g geschälter, gelber Kürbis, Salz

Für das Fischragout:

1 Scholle, 100 g Krebse oder Garnelen, 150 g Zahnbrasse,
150 g frische Scampi, 100 g Butter, 1 Schalotte,
1 Glas trockener Weißwein, 1 Bund Petersilie, 1 reife Tomate,
50 g schwarze Trüffel

ZUTATEN FÜR 6 PERSONEN

WEINE : *Das Fischragout mit seinen verschiedenartigen Düften und Aromen bildet einen perfekten Kontrast zur intensiven Süße des Kürbisses und der Kartoffeln und verleiht diesem köstlichen Gericht einen runden Geschmack. Dazu paßt ein trockener, gut strukturierter Weißwein mit ausgereiftem, blumig-fruchtigem Bouquet und sehr frischer Säure, vollmundig und kräftig wie der Colli Orientali del Friuli Ribolla oder der Frascati superiore.*

ZUBEREITUNG

1. Die Kartoffeln kochen und fein passieren; Ei, Mehl, Muskat und Salz dazugeben, zu einem Teig verarbeiten und 1/2 cm dick ausrollen. Mit einem Glas Kreise ausstechen.

2. Den Kürbis im Backofen garen, pürieren und mit Salz abschmecken. Ein Viertel der Masse zurückbehalten und den Rest auf der Hälfte der Kartoffelteig-Kreise verteilen.

3. Mit den übrigen Kartoffelteig-Kreisen belegen und an den Rändern verschließen.

4. Das Ragout zubereiten: Den Fisch entgräten, in kleine Stücke schneiden, die Scampi schälen, den Darm entfernen, alles in einer Pfanne mit 50 g Butter und der gehackten Schalotte anbraten, salzen, mit Wein ablöschen und nach dem Verdampfen die gehackte Petersilie und die gewürfelte Tomate dazugeben; warm stellen.

5. Die Gnocchetti in reichlich Salzwasser kochen und dann in einer Pfanne mit der restlichen Butter anbraten.

6. Auf vorgewärmte Teller eine dünne Schicht von dem restlichen Kürbispüree und darauf die Gnocchetti und in der Mitte das Fischragout verteilen. Mit der in Stifte geschnittenen schwarzen Trüffel und Petersilie garnieren.

PRO PORTION:

448 Kalorien; 7,3 g Ballaststoffe

Kürbiscreme

MIT AMARETTI

60 g Schalotten, 700 g Kürbisfleisch, 60 g Butter,
2 dl Hühnerbrühe, 10 g Zucker,
4 g Salz, 8 dl flüssige Sahne,
16 Amaretti

ZUTATEN FÜR 8 PERSONEN

WEINE: *Ein exzellentes Gericht, bei dem der runde Geschmack der einzelnen Aromen ausgezeichnet mit einem jungen, trockenen und aromatischen Weißwein mit dem Duft von reifen gelben Früchten, getrockneten Früchten und Gewürzen harmoniert. Er sollte spritzig, kräftig und vollmundig sein wie etwa der Trentino Gewürztraminer oder der Fiovano Semillon.*

ZUBEREITUNG

1. Die Schalotten hacken und den Kürbis in Würfel schneiden. In einem Schmortopf 40 g Butter erhitzen und die Schalotten darin glasig anbraten. Die Kürbiswürfel zugeben und andünsten, bis die Flüssigkeit verdampft ist. Mit Brühe aufgießen und so lange kochen, bis der Kürbis weich ist.

2. Kürbis passieren und in einen anderen Schmortopf umfüllen. Mit Zucker, Salz und Sahne verrühren und aufkochen. Die restliche Butter unterrühren.

3. Die Creme in vorgewärmten, tiefen Tellern mit zwei Amaretti pro Portion servieren.

PRO PORTION:
439 Kalorien; 1,4 g Ballaststoffe

Kürbiscreme

MIT MANDELN UND ORANGENSAFT

800 g geschälter Kürbis,
100 g geschälte und fein gemahlene Mandeln,
2 Eigelbe, Saft von 5 Orangen, 2 dl Milch,
2 dl Rinder- und Hühnerbrühe

ZUTATEN FÜR 4 PERSONEN

ZUBEREITUNG

1. Den Kürbis im Backofen garen und auskühlen lassen; dann passieren und in eine Pfanne geben.

2. Gemahlene Mandeln, Eigelbe und Orangensaft zugeben und alles mit einem Schneebesen verrühren.

3. Unter ständigem Rühren erwärmen und dabei nach und nach Milch und Brühe aufgießen, bis eine sämige Creme entsteht.

4. In vorgewärmten Suppentellern servieren.

WEINE: *Durch den Kürbis und die Mandeln erhält diese aromatische, leicht üppige Creme ihre intensive Süße. Als Wein empfiehlt sich dazu ein junger, trockener und zugleich angemessen weicher, nicht zu starker Weißwein mit einer fruchtig-blumigen Note und frischer Säure wie der Regaleali bianco oder der Breganze Vespaiolo.*

PRO PORTION:
227 Kalorien; 4,6 g Ballaststoffe

Teigtaschen mit Radicchio-Ricotta-Füllung

UND KÜRBISSOSSE

Für den Teig:

200 g Mehl, 50 g Butter, 50 ml Wasser, 2 Eigelb,
Salz und Pfeffer

Für die Füllung:

1 kleine Zwiebel, Öl, 150 g Radicchio, 1/2 Glas Rotwein,
100 g frischer Ricotta (oder gut ausgedrückter Magerquark),
50 g frisch geriebener Parmesan, 1 Eigelb,
Salz und Pfeffer

Für die Soße:

200 g Kürbis, 1 dl toskanisches Olivenöl,
weißer Pfeffer und Salz

ZUTATEN FÜR 4 PERSONEN

WEINE: *Der Geschmack dieses Gerichts wird nicht so sehr vom Kürbisaroma der Soße bestimmt wie von der leichten Bitterkeit des Radicchio, dem üppigen Aroma des Olivenöls und der Schärfe des Pfeffers. Dazu paßt ein nicht zu junger, trockener Weißwein mit ausgereiftem Bouquet und fruchtig-blumigen Noten. Er sollte frisch, vollmundig und kräftig sein wie der Regaleali Nozze d'Oro oder der Collio Tocai.*

ZUBEREITUNG

1. Alle Zutaten für den Teig gut verkneten und 30 Min. ruhen lassen.

2. Die Zwiebel fein hacken und in Öl glasig dünsten, dabei aber nicht braun werden lassen.

3. Radicchio putzen und waschen, in Streifen schneiden und in der Pfanne zusammen mit der Zwiebel andünsten, mit Rotwein ablöschen und fertig garen. Den Ricotta, den Parmesan und das Eigelb dazugeben und mit Salz und Pfeffer abschmecken.

4. Den Teig zu kleinen Rechtecken von ca. 8 x 12 cm ausrollen, Füllung darauf verteilen, zusammenrollen und die Enden so verschließen, daß sie wie Bonbons aussehen.

5. Die Teigtäschchen im vorgeheizten Backofen bei 180 °C 8 bis 10 Min. backen.

6. Für die Soße Kürbisfleisch für einige Minuten in kochendem Wasser blanchieren und dann abgießen. Zusammen mit Öl, Salz und Pfeffer in einem Mixer verquirlen (sollte es zu fest werden, etwas Wasser zugeben).

7. Soße auf den Tellern verteilen, Teigtäschchen daraufsetzen und nach Belieben garnieren. Heiß servieren.

PRO PORTION:
163 Kalorien; 0,8 g Ballaststoffe

Nudeln mit Kürbis

*2 Knoblauchzehen, 1 dl Olivenöl extra vergine,
300 g Kürbisfleisch, 1 mittelscharfe Peperoni, Salz,
400 g Hartweizennudeln (Penne oder Rigatoni)*

Zutaten für 4 Personen

WEINE: *Bei diesem einfachen Rezept kommt der köstlich-ausgewogene Geschmack der einzelnen Zutaten voll zur Entfaltung. Gut paßt dazu ein junger, trockener und zugleich weicher und kräftiger Weißwein mit einer fruchtig-blumigen Note wie der Colli Piacentini Ortrugo oder der Pomino bianco.*

ZUBEREITUNG

1. Zerdrückten Knoblauch in Öl anbraten. Wenn der Knoblauch goldbraun ist, das in kleine Würfel geschnittene Kürbisfleisch dazugeben. Bei nicht zu großer Hitze für ein paar Minuten andünsten, dann die Peperoni zugeben und zugedeckt bei gelegentlichem Rühren köcheln lassen.

2. Nach 6 bis 7 Min. salzen und bei Bedarf mit Wasser aufgießen. Nach weiteren 7 bis 8 Min. mit Salz abschmecken; Pfanne vom Herd nehmen und warm halten.

3. In der Zwischenzeit die Nudeln in Salzwasser kochen, abgießen und mit der Soße vermischen. Heiß servieren.

PRO PORTION:
564 Kalorien; 3,5 g Ballaststoffe

ANMERKUNG: *Gut eignen sich für dieses Rezept die besonders saftigen und faserigen Stachelkürbisse.*

Kürbiscreme

MIT GEFÜLLTEN ECLAIRS

Für die Kürbiscreme:

*250 g Kürbisfleisch, 250 g Kartoffeln, 150 g Lauch,
Salz, Gemüsebrühe, 250 ml frische Sahne,
Olivenöl extra vergine*

Für die Eclairs:

*250 ml Wasser, 60 g Butter, 125 g Mehl, 3 Eier, Béchamel-Soße
(20 g Mehl, 20 g Butter, 200 ml Milch),
50 g frisch geriebener Parmesan, eine Handvoll Spinat*

ZUTATEN FÜR 4 PERSONEN

WEINE: *Bei diesem Gericht herrscht der süßliche Geschmack des Kürbisses und einiger anderer Zutaten wie der Béchamelsoße, der Eier und der Kartoffeln vor. Man sollte dazu einen jungen und trockenen Weißwein mit ausgeprägt aromatischem Bouquet wählen. Vor allem sollte er eine sehr frische Säure haben und ziemlich kräftig sein wie der Aquileia-Gewürztraminer oder der Solopaca Falanghina.*

ZUBEREITUNG

1. Kürbis, Kartoffeln und Lauch in Stückchen schneiden und in einen Topf geben; mit Brühe aufgießen, salzen und eine halbe Stunde kochen.

2. Im Mixer pürieren und durch ein feines Sieb streichen; bei Bedarf mit Brühe verflüssigen, etwas Olivenöl und die Sahne unterrühren. Zur Seite stellen.

3. Für die Eclairs das Wasser mit einer Prise Salz und der Butter zum Kochen bringen, das ganze Mehl auf einmal ins kochende Wasser schütten und mit einem Kochlöffel kräftig umrühren, damit sich die Klümpchen auflösen.

4. Abkühlen lassen, bis es lauwarm ist, und nacheinander die Eier untermischen.

5. Mit einem Spritzbeutel 16 Eclairs mit etwas Abstand zueinander auf ein mit Backpapier ausgelegtes Backblech spritzen und bei 180 °C ca. 30 Min. backen.

6. Für die Füllung eine dickflüssige Béchamelsoße zubereiten und den Parmesan einrühren; in die Hälfte der Soße den gekochten, gut ausgedrückten und durchpassierten Spinat mischen. Dann die Eclairs mit Hilfe einer Konditortülle mit den zwei verschiedenen Füllungen füllen.

7. Die Kürbiscreme mit vier Eclairs – zwei von jeder Sorte – servieren.

Pro Portion:
651 Kalorien; 3,5 g Ballaststoffe

Risotto mit gelbem Kürbis

MIT KÄSECREME UND TRÜFFELN AUS ALBA

1 gehackte weiße Zwiebel, 100 g Butter,
500 g in Würfel geschnittener gelber Kürbis,
300 g Arborio-Reis für Risotto, Weißwein, Gemüsebrühe,
300 g Schmelzkäse, z. B. Fontina oder
eine Mischung für Käse-Fondue, 1 weiße Trüffel

ZUTATEN FÜR 4 PERSONEN

WEINE: *Ein verführerisches und sehr schmackhaftes Herbstgericht, bei dem der Duft und der Geschmack der einzelnen Zutaten vortrefflich miteinander harmonieren. Dazu paßt ein junger, fruchtig-blumiger Rotwein mit wenig Tannin, frischer Säure, vollmundig und nicht zu kräftig wie der Barbera d'Alba oder der Colli Morenici Mantovani del Garda rosso.*

ZUBEREITUNG

1. Gehackte Zwiebel in der Hälfte der Butter anbraten, Kürbiswürfel dazugeben und bei schwacher Hitze einige Minuten anbraten; dann den Reis dazugeben, etwas anrösten und mit Weißwein ablöschen.

2. Wenn der Wein verdampft ist, etwas heiße Brühe zugeben und weiterkochen lassen. Immer erst aufgießen, wenn die Flüssigkeit verkocht ist.

3. Wenn der Reis bißfest ist, den Ofen ausschalten und die restliche Butter einrühren.

4. In eine Servierschüssel umfüllen. Geschmolzenen Käse und feingeschnittene Trüffel darüber verteilen.

PRO PORTION:
772 Kalorien; 3,5 g Ballaststoffe

Gratinierte Kürbissuppe

MIT BERGKÄSE

1 runder Kürbis von 3 kg,
4 Lauchstangen, Öl, Salz, Pfeffer,
4 dl Gemüsebrühe, 2 dl Sahne, 300 g Bergkäse,
8 Scheiben Bauernbrot

ZUTATEN FÜR 6 PERSONEN

WEINE: *Zu diesem köstlichen Gericht mit seiner angenehmen Süße und der feinen Würze empfiehlt sich ein gut strukturierter, trockener Weißwein mit ausgereiftem, fruchtig-blumigem Bouquet, frischer Säure und vollmundig-kräftigem Geschmack wie der Breganze Pinot Grigio oder der Greco di Tufo.*

ZUBEREITUNG

1. Vom Kürbis oben einen Deckel abschneiden. Kerne und Fasern entfernen, mit einem Messer aushöhlen und dabei aufpassen, daß die Schale intakt bleibt. Das Kürbisfleisch (ca. 1,2 kg) beiseite stellen.

2. Lauchstangen putzen und waschen, fein schneiden und für einige Minuten in einer Pfanne mit etwas Öl anschwitzen.

3. Das Kürbisfleisch in große Würfel schneiden, salzen und pfeffern, mit etwas Öl beträufeln und bei 180 °C für ca. 20 Min. in den Ofen geben.

4. Wenn das Kürbisfleisch weich ist, zusammen mit dem Lauch pürieren.

5. Das Püree mit der Gemüsebrühe in einem Topf aufkochen und 15 Min. bei mittlerer Hitze köcheln lassen; dann den Herd ausschalten und die Sahne unterrühren.

6. Den Käse in feine Streifen schneiden, und das Brot rösten.

7. Den ausgehöhlten Kürbis in eine feuerfeste Form stellen; zuerst mit Käse und vier Scheiben geröstetem Brot füllen, die Kürbissuppe darübergießen, mit einer zweiten Schicht Brot und zum Abschluß mit Käse bedecken.

8. Für 20 Min. in den 180 °C heißen Ofen geben und zuletzt noch kurz gratinieren.

9. Die Suppe heiß im Kürbis servieren.

PRO PORTION:
585 Kalorien; 6,9 g Ballaststoffe

Nudeln mit Kürbisfüllung

UND LEICHTEM HASENRAGOUT

400g gelbes Kürbisfleisch, 20 g Parmesan,
2 dl Olivenöl extra vergine, Salz und Pfeffer

Für den Nudelteig:

2 Eier, 250 g Mehl, 10 ml Öl, Salz

Für das Ragout:

1 Hasenkeule, 50 g Zwiebel, 40 g Lauch, 20 g Karotten,
20 g Sellerie, 1/2 Lorbeerblatt, 2 Gewürznelken,
1 kleine Zimtstange, 10 g schwarzer Pfeffer, 1/2 l Rotwein,
1 dl Olivenöl extra vergine, Salz und Pfeffer, 1 reife Tomate

ZUTATEN FÜR 4 PERSONEN

WEINE: *Bei diesem Gericht spielt der Kürbis eine untergeordnete Rolle und hat damit keinen Einfluß auf die Weinwahl. Doch verleiht seine Süße in Verbindung mit der säuerlichen Würze des Ragouts dem Ganzen einen harmonisch-runden Geschmack. Man kann dazu einen nicht jungen, trockenen und fruchtigen Rotwein servieren. Er sollte weich und leicht tanninhaltig sowie frisch und kräftig wie der Franciacorta rosso oder der Colli Piacentini Cabernet Sauvignon sein.*

ZUBEREITUNG

1. Die Hasenkeule mit den angegeben Zutaten (außer der Tomate) über Nacht marinieren.

2. Das gesalzene und gepfefferte Kürbisfleisch mit Öl im Backofen garen, passieren und in eine kleine Schüssel füllen. Parmesan und Öl unterrühren und mit Salz und Pfeffer abschmecken.

3. Nudelteig zubereiten und ausrollen; aus Teig und Füllung Tortelli (Nudeltäschchen) herstellen und in den Kühlschrank legen.

4. Fleisch, Gemüse und Gewürze abseihen. In einer Pfanne das Gemüse zusammen mit den Gewürzen anbraten. In einer separaten Pfanne die Hasenkeule anbraten, zu dem Gemüse geben. Mit der Tomate und der Marinade zum Kochen bringen, abschäumen und 40 Min. kochen lassen.

5. Das Fleisch von der Keule lösen und in kleine Würfel schneiden. Das Gemüse passieren, abschmecken und zum Fleisch geben.

6. Die Tortelli in Salzwasser kochen und mit dem Hasenragout vermischen. Sofort Servieren.

PRO PORTION:

1080 Kalorien; 3,1 g Ballaststoffe

Kürbissuppe

MIT REIS, PARMESAN UND ZIMT

*1 Stange Staudensellerie, 1 große Kartoffel, 2 Karotten, 1 Zwiebel,
2 Knoblauchzehen, 50 g Butter, 70 ml Olivenöl extra vergine,
500 g in Würfel geschnittener Kürbis, Salz, Pfeffer,
1-2 Schöpflöffel Hühnerbrühe, 100 g Pilaf-Reis,
20 g frisch geriebener Parmesan, Zimt*

Für die Einlage:

40 g geriebener Parmesan, Zimtpulver

ZUTATEN FÜR 4 PERSONEN

ZUBEREITUNG

1. Gemüse in Stücke schneiden und bei kleiner Hitze in Öl und der Hälfte der Butter anbraten.

2. Nach etwa 10 Min. das Kürbisfleisch für einige Minuten mitschmoren, salzen und pfeffern, mit Hühnerbrühe bedecken und eine Stunde kochen lassen. Dann alles im Mixer pürieren.

3. Durch ein Sieb streichen, den Reis dazugeben und erneut zum Kochen bringen. Mit Parmesan und Butter binden und mit wenig Zimt würzen.

4. Für die Einlage den frisch geriebenen Parmesan mit wenig Zimt vermischen und in Häufchen in eine heiße Pfanne geben. Die zerlaufenen Käsehäufchen aus der Pfanne nehmen und über ein Nudelholz legen, damit sie eine gebogene Form bekommen.

5. Die Suppe mit der Käseeinlage in vorgewärmten Tellern servieren.

WEINE: *Diese Suppe duftet und schmeckt nach der verhaltenen Süße der Zutaten und wird durch den Knoblauch und die Zwiebel angenehm aromatisch. Der Wein dazu sollte weiß, jung und trocken sein, intensiv nach Früchten und Blumen duften und über eine weiche und gehaltvolle Note verfügen wie der Bianco di Custoza oder der Est!Est!!Est!!! di Montefiascone.*

PRO PORTION:

564 Kalorien; 7,5 g Ballaststoffe

Strudel

MIT EINER FÜLLUNG AUS KARTOFFELN, KÜRBIS UND KAISERLINGEN IN KÜRBISSOSE

Für den Teig:

250 g Mehl, 2 Eier

Für die Füllung:

200 g Kartoffeln, Rosmarin, Petersilie, 2 Eier,

200 g geputzter Kürbis, Salz, 150 g Kaiserlinge (Eierpilze),

1 Knoblauchzehe, 10 Spinatblätter, 100 g Parmesan

Für die Kürbissoße:

30 g Zwiebel, Butter, 3 Amaretti, 200 g Kürbis, 1 l Brühe,

Aceto Balsamico, Trüffel

ZUTATEN FÜR 4 PERSONEN

WEINE: *Dieses Rezept enthält alle Zutaten für einen runden und ausgewogenen Geschmack. Die Ausgewogenheit sollte sich bei der Wahl des Weins fortsetzen, und so empfiehlt sich ein junger, trockener, fruchtig-blumiger Weißwein mit kaum merklicher Weichheit und frischer Säure wie etwa der Colli Bolognesi Riesling oder der Garda Orientale Sauvignon.*

PRO PORTION:

577 Kalorien; 7,3 g Ballaststoffe

ZUBEREITUNG

1. Mehl aufhäufen und mit den Eiern rasch zu einem festen Teig verarbeiten. 4 Stunden ruhen lassen. 3 mm dick ausrollen und Rechtecke von 30 x 20 cm ausschneiden.

2. Die Kartoffeln 20 Min. unter Dampf garen, schälen, passieren und mit den gehackten Kräutern und den Eiern vermischen. Kürbis bei 180 °C im Backofen 20 Min. garen; anschließend durch ein feines Sieb streichen, salzen und abkühlen lassen. Die Pilze gründlich putzen, in Scheiben schneiden und zusammen mit einer Knoblauchzehe in einer Pfanne anbraten. Wenn sie fertig sind, salzen und mit etwas gehackter Petersilie bestreuen. Die Spinatblätter blanchieren.

3. Die Teigrechtecke mit dem Kartoffelpüree bestreichen und mit den Spinatblättern belegen. Auf den Spinatblättern das Kürbispüree verteilen und die Pilze in die Mitte geben. Mit Parmesan bestreuen und aufrollen. Jeden Strudel in ein Küchentuch wickeln, die Enden zubinden und im Dampfkochtopf 20 Min. garen. Strudel nach dem Auskühlen aus dem Tuch wickeln, in Parmesan wenden, in Scheiben schneiden und gratinieren.

4. Für die Kürbissoße die Zwiebeln hacken und in Butter anbraten; Amaretti und den in Würfel geschnittenen Kürbis dazugeben und mit Brühe bedecken. 1 Stunde im geschlossenen Topf bei schwacher Hitze köcheln lassen und dann durch ein feines Sieb gießen.

5. In die Mitte des Tellers die Soße und darauf eine Scheibe Strudel geben und mit Trüffel und zwei Spritzern Aceto balsamico verfeinern.

Rotweinrisotto mit Kürbis

*4 dl Sangue di Guida oder ein anderer schweren
und süßer Rotwein, 5 g Zucker, 50 ml Olivenöl extra vergine,
400 g gelbes Kürbisfleisch in Würfeln,
15 g Pinienkerne, 5 ml Rotweinessig, 10 ml Weißwein,
320 g Carnaroli- oder Avorio-Reis,
100 g Butter, 1 l Gemüse- und/oder Fleischbrühe,
50 g Parmesan*

Zutaten für 4 Personen

WEINE: *Eine ebenso ausgefallene wie köstliche Art der Zubereitung,
bei der die reiche und ausgewogene Geschmacksvielfalt durch den
intensiv süßen Geschmack von Zucker, Pinienkernen und nicht zuletzt
Kürbis bestimmt wird. Dazu empfiehlt sich ein lieblicher oder süßer,
eventuell auch moussierender Rotwein mit intensiv fruchtiger Note
und frischer Säure sowie vollmundigem und kräftigem Geschmack
wie der Oltrepò pavese Sangue di Giuda oder der Freisa di Chieri
amabile.*

ZUBEREITUNG

1. In einer großen Pfanne den Rotwein auf 1/4 der Menge reduzieren.

2. Inzwischen in einer beschichteten Kupferpfanne den Zucker bei schwacher Hitze im Olivenöl für einige Minuten karamelisieren lassen. Dann die Kürbiswürfel und die Pinienkerne dazugeben und das Ganze 4 bis 5 Min. anbraten. Danach zuerst mit Rotweinessig und dann mit Weißwein ablöschen und dabei jeweils warten, bis die Flüssigkeit verdampft ist. Weiterköcheln lassen, bis das Kürbisfleisch halb gar ist.

3. In einer beschichteten Pfanne den Reis in der Butter glasig anbraten, mit Weißwein ablöschen und die Flüssigkeit vollständig verdampfen lassen. Dann mit der Brühe aufgießen, bis der Reis bedeckt ist. Aufkochen und nach 5 Min. das Kürbisfleisch unterrühren.

4. Wenn der Reis bißfest ist (nach ca. 18 Min.), mit Butter und frisch geriebenem Parmesan binden.

5. Den Reis auf Teller verteilen, mit dem eingekochten Rotwein übergießen und servieren.

PRO PORTION:
760 Kalorien; 2 g Ballaststoffe

Kürbispüree mit frischem Ricotta

500 g Kürbis mit Schale, 1 EL gehackte Schalotten,
1 gehackte Karotte, 40 g Butter,
10 Kürbisblüten (verwendet werden nur die Blütenblätter),
1/2 Glas Albana di Romagna amabile oder ein anderer lieblicher
Weißwein, 100 g frischer Schafmilch-Ricotta, Muskatnuß,
1 EL frisch geriebener Parmesan,
1 Glas Kalbs- oder Hühnerbrühe, Salz

ZUTATEN FÜR 4 PERSONEN

WEINE: *Die ausgeprägte Süße und das feine würzige Aroma des Pürees verbinden sich ausgezeichnet mit einem jungen, lieblichen und fruchtig-blumigen Weißwein, der verhältnismäßig frisch, weich und kräftig sein sollte wie etwa der Südtiroler Torgeltropfen, der Albana di Romagna amabile, der Tacelenghe di Buttrio, der Orvieto abboccato oder der Torricella Malvasia.*

ZUBEREITUNG

1. Kürbis im vorgeheizten Ofen bei 180 °C 20 bis 25 Min. garen, bis er ein wenig an Flüssigkeit verloren hat. Schale und eventuell angekohlte Teile entfernen und den Rest in Scheiben schneiden.

2. Schalotten und Karotten in Butter bei mittlerer Hitze anschwitzen und dann die klein geschnittenen Kürbisblüten und das Kürbisfleisch dazugeben. Nach 10 Min. Wein zugießen, verdampfen lassen und dann vom Herd nehmen.

3. Fein durchpassieren und den Ricotta gut untermischen. Etwas Muskatnuß und Parmesan zugeben und soviel Brühe angießen, bis man ein cremiges Püree erhält. Zum Schluß mit Salz abschmecken.

4. Das Püree im Wasserbad erwärmen und in vorgewärmten tiefen Tellern servieren.

PRO PORTION:
169 Kalorien; 1,5 g Ballaststoffe

Vollkorn-Gnocchetti

MIT BOHNEN UND KÜRBISCREME

1 kg mehlige Kartoffeln, 400 g Vollkornmehl,

500 g frische Borlotti-Bohnen, Butter, Salbei,

1/2 l Gemüsebrühe, 500 g Kürbis,

1 Knoblauchzehe, Rosmarin,

2 EL Olivenöl extra vergine, 1/2 l Milch, Salz,

frisch gemahlener schwarzer Pfeffer

ZUTATEN FÜR 6 PERSONEN

WEINE: *Ein sehr schmackhaftes, leicht deftiges Gericht mit angenehmer Süße und aromatischer Würze. Der Wein dazu sollte rot und jung sein, ein kräftiges Bouquet und eine leichte Trauben-Frucht-Note, dazu frische Säure, einen runden, kräftigen Geschmack und etwas Tannin haben wie etwa der Santa Maddalena oder der Rosso di Menfi.*

ZUBEREITUNG

1. Kartoffeln kochen, zerdrücken und mit dem Mehl vermischen. Sehr kleine, etwa bohnengroße Gnocchi formen.

2. Die Bohnen mit etwas Butter und Salbei anbraten. Nach einigen Minuten mit Brühe bedecken und eine halbe Stunde kochen lassen.

3. Kürbis schälen und in Stücke schneiden. Mit Knoblauch und Rosmarin in Olivenöl anbraten. Milch aufgießen, Rosmarinzweig entfernen und eine halbe Stunde kochen lassen. Kürbisfleisch passieren und mit Salz abschmecken.

4. Die Gnocchetti in reichlich Salzwasser kochen, abgießen und in einer Schüssel mit den Bohnen und einem 1 EL Olivenöl vermischen.

5. Auf den Tellern zuerst die Kürbiscreme und darauf einen großen Löffel Gnocchi und Bohnen verteilen. Zum Schluß mit frisch gemahlenem Pfeffer bestreuen.

PRO PORTION:

493 Kalorien; 13,9 g Ballaststoffe

Aschenputtel-Risotto

200 g Kürbis in Würfeln,
1 Radicchio in sehr feine Streifen geschnitten,
1 gehackte Knoblauchzehe, 1 gehackte Zwiebel,
320 g Arborio- oder anderer Risotto-Reis, Butter,
1 kleines Glas Weißwein, Fleischbrühe,
Parmesan

ZUTATEN FÜR 4 PERSONEN

ZUBEREITUNG

1. Radicchio, Kürbis, etwas Zwiebel und Knoblauch kurz anbraten.

2. Reis und gehackte Zwiebel in Butter anrösten, mit Weißwein ablöschen und zu den angebratenen Radicchiostreifen und Kürbiswürfeln geben. Risotto fertig kochen und dabei nach Bedarf heiße Brühe nachgießen.

3. Wenn der Reis fertig ist und eine cremige Konsistenz hat, servieren und nach Geschmack mit frisch geriebenem Parmesan bestreuen.

WEINE: *Ein einfaches und rustikales Gericht mit unverfälschtem, rundem Geschmack. Als Wein dazu empfiehlt sich ein ausgereifter, trockener Weißwein mit reichem Bouquet, leicht aromatisch und fruchtig, frisch und gehaltvoll wie der Colli Berici Tocai oder der Ansonica del Giglio.*

PRO PORTION:
484 Kalorien; 2,6 g Ballaststoffe

Nudeltäschchen mit Käsefüllung

MIT KÜRBISPÜREE UND TRÜFFELN

200 g frischer, grüner Spinat-Nudelteig,

200 g gelben Safran-Nudelteig,

100 g frischer Ricotta, 100 g Ziegenfrischkäse,

100 g Crescenza oder ein anderer milder Weichkäse, Salz, Pfeffer,

Muskatnuß, 1 Ei, 500 g Kürbis,

Olivenöl extra vergine, Majoran, 50 g schwarze Trüffel,

100 g Butter, 50 g Parmesan

ZUTATEN FÜR 4 PERSONEN

ZUBEREITUNG

1. Nudelteig 1 cm dick ausrollen und in 2 cm breite Streifen schneiden. Abwechselnd einen grünen und einen gelben Streifen aufeinander legen und mit Hilfe einer Nudelmaschine eine dünnere Teigplatte formen.

2. Die Käsesorten miteinander vermischen und mit Salz, Pfeffer und Muskatnuß würzen. Für ca. 1 Stunde in den Kühlschrank stellen.

3. Aus dem Nudelteig Quadrate mit 7 cm Seitenlänge schneiden, mit Ei bepinseln und mit der Käsemischung füllen. Zusammenklappen und an den Rändern wie Bonbonpapier zusammendrehen.

4. Kürbis schälen, entkernen und in Salzwasser kochen. Dann mit Olivenöl, Majoran und einem Teil der Trüffel im Mixer pürieren. Warm stellen.

5. Nudeltäschchen in reichlich Salzwasser kochen und in flüssiger Butter und frisch geriebenem Parmesan wenden.

6. Zum Servieren das Püree auf den Teller verteilen und die Nudeltäschchen daraufsetzen. Mit Trüffeln und Majoran garnieren und heiß servieren.

WEINE: *Der außerordentlich ausgewogene Geschmack dieses Gerichts, bei dem kein Aroma ein anderes überdeckt, verlangt nach einem jungen, trockenen, aber auch leicht weichen Weißwein mit nicht zu aromatischem Bouquet, spritziger Säure und Gehalt wie dem Valle Isarco Sylvaner oder dem Colli Martani Grechetto.*

PRO PORTION:

916 Kalorien; 6,4 g Ballaststoffe

Kürbis-Meerrettich-Soße

(AUSGEZEICHNET ZU GEKOCHTEM LACHS ODER GEKOCHTER LACHSFORELLE)

200 g Kürbisfleisch, 1 EL Essig, Zucker,
100 g Meerrettich, 50 g geröstete Kürbiskerne (ersatzweise Nüsse),
Salz, 3 EL Olivenöl

ZUTATEN FÜR 8 PERSONEN

WEINE: *Da diese Soße hauptsächlich zu Fischgerichten serviert wird, richtet sich die Weinauswahl folglich nach der Art des jeweiligen Fischs.*

ZUBEREITUNG

1. Kürbisfleisch dämpfen und durch ein Sieb streichen. Einen Schuß Essig und eine Prise Zucker unterrühren und eine halbe Stunde ruhen lassen.
2. Zuerst den frischen Meerrettich und dann die Kürbiskerne im Mixer hacken. Zusammen in eine Schüssel geben, salzen und eine halbe Stunde ziehen lassen.
3. Kürbispüree und Meerrettichmischung in eine Sauciere füllen, gut vermischen und dabei etwas Olivenöl unterrühren.

PRO PORTION:
44 Kalorien; 0,8 g Ballaststoffe

Sardinen in Basilikumteig

MIT KÜRBIS-KORIANDER-CREME UND SELLERIESCHEIBCHEN

16 mittelgroße Sardinen, 4 Eier, 100 g Mehl, 10 g Parmesan,
Salz, Pfeffer, Basilikum, 200 g Kürbis, 50 g Lauch,
Fisch- oder Gemüsebrühe, 0,5 dl Olivenöl extra vergine,
10 Koriandersamen, 200 g Sellerieknolle, Olivenöl zum Fritieren,
Koriandergrün, Sellerieblättchen

ZUTATEN FÜR 4 PERSONEN

WEINE: *Der durch die Gewürze zusätzlich intensivierte Fischge-*
schmack in Verbindung mit dem süßlichen Kürbis legt einen ausge-
reiften, trockenen und nicht zu jungen Weißwein mit einer leicht
aromatischen Fruchtnote und frischer Säure nahe, der weich und
gehaltvoll sein sollte wie der Collio Tocai oder der Malvasia del Carso.

PRO PORTION:
470 Kalorien; 2,7 g Ballaststoffe

ZUBEREITUNG

1. Sardinen entgräten, dabei die Filets am Schwanz verbunden lassen. Gründlich waschen und abtrocknen.

2. Für den Teig die Eier mit dem Mehl verquirlen und mit frisch geriebenem Parmesan, Salz, Pfeffer und zerkleinerten Basilikumblättern würzen.

3. Kürbis schälen und in gleichmäßige Stücke schneiden. Lauch waschen und in Ringe schneiden.

4. In einer Pfanne mit etwas Öl das Kürbisfleisch und den Lauch bei mittlerer Hitze anbraten, mit Fisch- oder Gemüsebrühe bedecken und so lange kochen, bis der Kürbis weich ist.

5. Kürbis und Lauch im Mixer pürieren und mit Olivenöl binden.

6. Die Koriandersamen einige Minuten im Backofen rösten, dann zermahlen und die Kürbiscreme damit würzen.

7. Die Sardinen durch den Teig ziehen und in reichlich Öl – sie sollten vollständig mit Öl bedeckt sein – fritieren. Wenn sie eine schöne goldene Farbe angenommen haben, aus dem Öl nehmen und auf Küchenpapier abtropfen lassen.

8. Sellerieknolle putzen und mit dem Gemüsehobel in feine Scheiben schneiden. Mit Nudel- oder Plätzchenformen kleine Kreise ausstechen. Mit Mehl bestäuben und fritieren, bis sie kroß sind.

9. Die fritierten Sardinen auf der Kürbiscreme servieren, die Sellerieblättchen außen herum legen und mit Koriandergrün garnieren.

Tintenfischsalat mit gegrilltem Kürbis

MIT MARINIERTEM SELLERIE UND ROTEN ZWIEBELN IN BORRETSCH-VINAIGRETTE

50 g rote Zwiebeln, 200 g Flaschenkürbis,
Salz, schwarzer Pfeffer, Petersilie, 20 ml Essig,
1,2 dl Olivenöl extra vergine, 120 g Sellerieknolle,
80 ml Zitronensaft, 40 g schwarze Oliven, 150 g Borretsch,
600 g Tintenfisch, Kerbel

ZUTATEN FÜR 4 PERSONEN

WEINE: *Die Geschmacksvielfalt dieses Gerichts wird durch die einzelnen Zutaten köstlich abgerundet und kontrastiert zu der ausgeprägten Süße des Kürbisses und des Tintenfischs. Dazu paßt ein ausgereifter, trockener, intensiv duftender Weißwein mit Frucht- und Blumennoten und einer noch frischen Säure, dabei weich und gehaltvoll wie der Torgiano bianco riserva oder der Biancolella d'Ischia.*

ZUBEREITUNG

1. Zwiebel in sehr feine Streifen schneiden und eine Stunde wässern.

2. Kürbis zuerst in Scheiben und dann in dreieckige Stücke schneiden. Grillen und mit Salz, Pfeffer, gehackter Petersilie, Essig und einem Schuß Olivenöl extra vergine anmachen. Warm stellen.

3. Sellerie fein schneiden, salzen und ziehen lassen, bis er seine Flüssigkeit verliert. Waschen und mit etwas Zitronensaft, Olivenöl und schwarzem Pfeffer marinieren.

4. Oliven entkernen und vierteln.

5. Für die Vinaigrette vom Borretsch die harten Blätter entfernen und mit Olivenöl und Zitronensaft im Mixer pürieren. Mit Salz und Pfeffer würzen und durch ein feines Sieb streichen.

6. Die Tintenfische in einzelne Tentakel zerlegen und grillen. Dabei aufpassen, daß sie nicht zu trocken werden.

7. Auf einem Teller die gegrillten Kürbisdreiecke fächerförmig verteilen und mit dem Tintenfisch belegen.

8. Mit der Borretsch-Vinaigrette anmachen und mit mariniertem Sellerie, Olivenvierteln und der rohen roten Zwiebel zudecken. Mit Kerbelzweigen garnieren.

PRO PORTION:
374 Kalorien; 1,9 g Ballaststoffe

Kürbis mit Meerrettich und Scampi

IN ACETO BALSAMICO

*8 frische Scampi von je 100 g, 40 ml Olivenöl,
20 ml Aceto Balsamico, Salz, 200 g reifer Kürbis,
100 g Mehl, 40 g gekochter, kalter Vollkornreis,
20 g frischer Meerrettich, 20 Estragonblätter*

ZUTATEN FÜR 4 PERSONEN

WEINE: *Die Kombination aus Kürbis und Scampi scheint den süßlichen Geschmack dieses Gerichts hervorheben zu wollen. Allerdings wird die Süße ausgeglichen durch die delikate Würze des Meerrettichs und des Aceto Balsamico. Dazu empfiehlt sich ein hinsichtlich Klasse und Gehalt ebenbürtiger, junger, fruchtiger und leicht aromatischer Weißwein mit spritziger Frische, vollmundig und kräftig im Geschmack wie der Südtiroler Riesling oder der Sauvignon Poggio alle Gazze.*

PRO PORTION:
329 Kalorien; 1,4 g Ballaststoffe

ZUBEREITUNG

1. Scampi putzen und aus den Köpfen eine Brühe zubereiten. Dafür die Köpfe zerdrücken, mit Wasser bedecken und 20 Min. kochen lassen.

2. Fischsud durch ein feines Sieb gießen, bis auf 6 cl einkochen und dann abkühlen lassen.

3. Aus dem Sud, 20 ml Olivenöl, Aceto Balsamico und Salz eine Soße rühren.

4. Die leicht gesalzenen Scampi 2 Min. dämpfen.

5. Den geputzten Kürbis in feine Scheiben schneiden und mit Mehl bestäuben.

6. Aus Mehl und 150 ml Eiswasser einen Teig zubereiten. Die Kürbisscheiben im Teig wenden und in 180 °C heißem Öl 3 Min. fritieren. Auf Küchenpapier abtropfen lassen.

7. Den Reis in der Pfanne mit dem restlichen Öl und einer Prise Salz rösten. Wenn er Farbe annimmt, den geriebenen Meerrettich dazugeben.

8. Auf vier flachen Tellern (rein farblich machen sich schwarze Teller sehr gut) die heißen Kürbisscheiben verteilen. Mit dem Meerrettich-Reis bedecken. Auf jeden Teller zwei lauwarme Scampi kreuzförmig übereinanderlegen und mit der Aceto-Balsamico-Soße beträufeln. Zum Schluß mit Estragonblättern garnieren.

Sardellen-Kürbis-Spieße

200 g gelbes Kürbisfleisch, 7 Scheiben Toastbrot,
400 g frische Sardellenfilets,
Basilikumblätter, 1/2 EL Petersilie, 1/2 EL Basilikum,
1 Knoblauchzehe, Salz, Pfeffer, Öl

ZUTATEN FÜR 4 PERSONEN

WEINE: *Der salzige Geschmack der Sardellen verbindet sich harmonisch mit dem eher süßlichen Kürbis. Man sollte dazu einen jungen, trockenen, fruchtig-duftigen Weißwein wählen, der frisch, weich und kräftig sein sollte wie der Vesuvio bianco oder der Bianco d'Alcamo.*

ZUBEREITUNG

1. Kürbis in 2 cm große Würfel schneiden; von drei Scheiben Toastbrot die Rinde entfernen und in 2 x 2 cm große Stücke schneiden.

2. Auf Holzstäbchen abwechselnd die in der Mitte zusammengeklappten Sardellenfilets, Toastbrot, Kürbisstückchen und Basilikumblätter aufspießen.

3. Die restlichen Toastbrotscheiben mit Petersilie, Basilikum, Knoblauch, Salz und Pfeffer im Mixer zerkleinern. Die Spieße in dieser Mischung wälzen.

4. Spieße in einer beschichteten Pfanne mit wenig Öl braten.

5. Einen gemischten Salat mit einer Zitronenvinaigrette anmachen und zu den Spießen servieren.

ANMERKUNG: *Damit dieses einfache und köstliche Gericht gut gelingt, ist es wichtig, daß der Kürbis noch jung ist; ist er nämlich zu reif und wässrig, zerfallen die Stückchen beim Braten. Perfekt eignen sich Kürbisse von der Amalfiküste, die unter der italienischen Sonne gereift und getrocknet sind, bei uns allerdings schwer zu bekommen sein dürften. Man kann die Spieße auch als Vorspeise servieren.*

PRO PORTION:
134 Kalorien; 0,8 g Ballaststoffe

Kuchen aus dem Montferrat

AUS GELBEM KÜRBIS UND RENETTE-ÄPFELN

600 g gelber Kürbis,

600 g Renette-Äpfel,

300 g zerkleinerte Amaretti,

100 g in Rum eingeweichte Rosinen,

100 g Zucker,

3 Eier,

100 g Kakao,

1 Tasse Milch,

Butter und Semmelbrösel

ZUTATEN FÜR 6 BIS 8 PERSONEN

WEINE: *Der leicht bittere Geschmack der Amaretti und des Kakaos im Gegensatz zur Süße des Kürbisses, der Äpfel und der Milch legen bei der Wahl des Weins einen jungen und aromatischen, eventuell leicht moussierenden Wein nahe, der spritzig, sehr weich und leicht sein sollte wie der Asti Moscato oder der Colli Piacentini Malvasia dolce.*

ZUBEREITUNG

1. Kürbis und Äpfel schälen, waschen und in Stücke schneiden. Bei schwacher Hitze kochen, bis die Stückchen zerfallen. Wenn die Flüssigkeit verdampft ist, vom Herd nehmen und auskühlen lassen. In der Zwischenzeit aus den übrigen Zutaten einen Teig rühren.

2. Das abgekühlte Kürbis-Apfelmus untermengen und den Teig in eine gefettete und mit Semmelbröseln ausgestreute Form füllen. Im vorgeheizten Backofen bei 180 bis 200 °C eine halbe Stunde backen. Der Kuchen ist fertig, wenn beim Anstechen mit einem Messer kein Teig mehr haften bleibt.

PRO PORTION:

317 Kalorien; 5,5 g Ballaststoffe

Kürbiskuchen

MIT HOLUNDERBEEREN

1,5 kg Kürbis, 200 g Zucker,
1 dl Sahne, 1 dl Milch, 4 Eier, 2 EL Mehl,
4 zerbröselte Amaretti,
1 Handvoll Holunderbeeren

ZUTATEN FÜR 8 PERSONEN

ZUBEREITUNG

1. Den in Stücke geschnittenen Kürbis im Backofen bei schwacher Hitze kochen, bis die Flüssigkeit verdampft ist.
2. In der Zwischenzeit die übrigen Zutaten zu einem Teig verarbeiten.
3. Wenn der Kürbis fertig gekocht ist, passieren und gut mit dem Teig vermischen.
4. Eine Kuchenform einbuttern, Teig einfüllen und im vorgeheizten Ofen bei 180 bis 200 °C eine Stunde backen.
5. Vor dem Servieren auskühlen lassen.

WEINE: *Ein Kuchen mit dem charakteristischen Geschmack süditalienischer Backwaren, bei dem sich zur Süße des Kürbisses und der anderen Hauptzutaten das würzige Aroma der Amaretti und der Holunderbeeren gesellt. Der Wein dazu sollte weiß, nicht zu jung und süß (eventuell eine Beerenauslese) sein mit einer blumigen, fruchtigen und leicht würzigen Note, rund und frisch und sehr kräftig wie der Malvasia delle Lipari oder der Südtiroler Goldmuskateller.*

PRO PORTION:
224 Kalorien; 1,2 g Ballaststoffe

Köstlichkeit aus Kürbis

MIT MANDEL-PISTAZIEN-MASSE

300 g Kürbisfleisch,

200 g Ricotta,

1 EL Puderzucker,

250 g Mandelmasse mit Pistazien

ZUTATEN FÜR 4 PERSONEN

WEINE: *Die Geschmacksnoten dieses besonderen Desserts sind durch die intensive Süße der Zutaten charakterisiert. Zudem verleihen ihm die Mandeln und die Pistazien ein köstliches und intensives Aroma. Zu empfehlen ist ein nicht zu junger, süßer Weißwein aus Trockenbeeren mit intensivem, fruchtigem, blumigem, duftigem Bouquet und Geschmacksnoten, die an gekochtes Obst, reife gelbe Früchte, getrocknete Beeren, Kamillenblüten und Akazienhonig erinnern. Trotz einer frischen Säure sollte er gehaltvoll sein, aber dennoch weich und leicht pastos ausfallen wie etwa ein Moscato di Pantelleria oder ein Torchiato di Fregona.*

ZUBEREITUNG

1. Den Kürbis im Ofen gratinieren, trocknen und im Mixer pürieren.

2. Den Ricotta mit dem Puderzucker und 2/3 des Kürbispürees vermengen.

3. Die Mandel-Pistazienmasse gut ausrollen und Scheiben von 10 cm Durchmesser ausstechen.

4. Auf dem Teller das Kürbispüree anrichten, die Ricottacreme in die Mitte geben und mit einer Scheibe Mandel-Pistazienmasse bedecken.

PRO PORTION:

333 Kalorien; 3,8 g Ballaststoffe

Mürbeteigtorte mit Reis und Kürbis

Für den Mürbeteig:

120 g Butter, 100 g Puderzucker, 1 Vanilleschote, Salz,
2 Eigelbe, 5 g Trockenhefe, 240 g Mehl

Für die Füllung:

50 g Reis, 50 g Kürbis in kleinen Würfeln, 200 ml Wasser,
100 ml Vanillecreme, 3 Eiweiß, 30 g Zucker

Zutaten für 5 bis 6 Personen

WEINE: *Zu dieser saftigen Torte mit der Süße und Üppigkeit der Eier und der Creme und dem feinen Vanillearoma empfiehlt sich ein weißer Süßwein, eventuell auch ein Eiswein oder Likörwein, mit kräftigem Bouquet, dem Geschmack nach reifen und getrockneten Früchten, einer frischen Säure und dabei sehr weich und gehaltvoll wie der Recioto di Soave Classico, der Colli Orientali del Friuli Picolit oder der Malvasia di Bosa dolce naturale.*

ZUBEREITUNG

1. Die weiche Butter mit dem Zucker schaumig rühren, dann das Innere der Vanilleschote, eine Prise Salz, die Eigelbe und zum Schluß das mit der Hefe vermischte Mehl gut unterrühren. Den Teig zu einer Kugel formen, in Klarsichtfolie wickeln und eine halbe Stunde im Kühlschrank ruhen lassen.

2. In einer kleinen Pfanne den Reis und die Kürbisstückchen in Wasser aufkochen und kochen lassen, bis der Reis weich ist. Falls nötig, noch Wasser zugießen.

3. Zu dem Reis-Kürbis-Gemisch die Vanillecreme geben und gut verrühren.

4. Eiweiß mit dem Zucker zu Eischnee schlagen und unter die Reis-Kürbis-Masse heben.

5. Den Mürbeteig ausrollen und eine geeignete Form damit auslegen. Füllung hineingeben und im vorgeheizten Backofen bei 180 °C 40 Min. backen.

PRO PORTION:

483 Kalorien; 1,1 g Ballaststoffe

Kürbispudding

MIT STERNANISSOSSE

600 g *Kürbisfleisch, 1 l Milch, 200 g Zucker,*
30 ml Amaretto,
das Innere einer Vanilleschote, 3 Eier

Für die Englische Creme:
3 Eigelbe, 80 g Zucker, 250 ml Milch, 3 Sternanis

ZUTATEN FÜR 6 PERSONEN

ZUBEREITUNG

1. Bis auf die Eier alle Zutaten in einen Topf geben und bei schwacher Hitze ca. 40 Min. kochen. Dann zusammen mit den Eiern im Mixer pürieren und durch ein feines Sieb streichen.

2. Die Creme in Portionsförmchen füllen und im Wasserbad im Backofen bei 120 °C ca. 50 Min. garen.

3. In der Zwischenzeit die Englische Creme zubereiten. Dafür Eigelb mit Zucker verquirlen und die Milch zusammen mit dem Sternanis aufkochen. Milch abseihen und unter ständigem Rühren zu der Eimasse geben. Die Creme zurück auf den Herd stellen, erhitzen, aber nicht aufkochen lassen. Dann vom Herd nehmen und abkühlen lassen.

4. Den Pudding lauwarm auf der Soße servieren. In einer Pfanne kleine Kürbisstückchen mit Zucker karamelisieren und außen herum legen.

WEINE: *Zur angenehmen Süße dieses Puddings und seinem feinen Amaretto-Vanille-Aroma paßt ein junger, süßer und feiner Weißwein mit kräftigem und aromatischem Bouquet. Er sollte weich, frisch und dementsprechend kräftig sein wie der Colli Orientali del Friuli Ramandolo oder der Albana di Romagna dolce.*

PRO PORTION:
428 Kalorien; 0,5 g Ballaststoffe

Gefüllte Birnen mit Kürbis

6 Kochbirnen,
1 l Wein (Nebbiolo oder ein anderer guter Rotwein), Zucker,
Zimtaroma, 600 g Kürbis, 20 g Rosinen,
200 g Amaretti (davon 6 ganze zum Garnieren),
20 g Pinienkerne, 4 Eigelb,
Likör nach Geschmack

ZUTATEN FÜR 6 PERSONEN

WEINE: *Der feine Geschmack dieses Desserts mit seinen zahlreichen unterschiedlichen Aromen paßt ausgezeichnet zu einem süßen, aromatischen, eventuell auch leicht moussierenden Rotwein mit blumig-fruchtigem Geschmack und ausgesprochen frischer Säure, der sehr weich und eher leicht sein sollte, wie der Brachetto d'Acqui oder der Südtiroler Moscato Rosa.*

ZUBEREITUNG

1. Die Birnen in dem gezuckerten und mit Zimt aromatisierten Wein ca. eine Stunde kochen. Auskühlen lassen und das Kerngehäuse ausstechen und aufheben. Die Frucht sollte dabei ganz bleiben.

2. Den Kürbis im Backofen bei ca. 150 °C 1 1/2 Stunden kochen. Dabei ab und an Zucker und Likör darübergeben.

3. Wenn der Kürbis weich ist, passieren. Das Gehäuse der Birnen ebenfalls pürieren. Rosinen, die zerbröselten Amaretti, die grob gehackten Pinienkerne, wenig Zimt dazugeben und, falls nötig, zuckern.

4. Die Masse mit den 4 Eigelb binden und die Birnen damit füllen. Auf jede Frucht eine in Likör getränkte Amaretto-Makrone legen und die Birnen mit dem Sirup aus dem eingekochten Rotwein glasieren.

PRO PORTION:
383 Kalorien; 5,1 g Ballaststoffe

Kürbismousse

MIT IN ZIMT GERÖSTETEN MANDELN UND AMARETTOSOSSE

200 g Kürbis, 5 Eigelbe, 200 g Zucker,
1 Päckchen Vanillearoma, 2 Eiweiß, 400 ml Sahne,
4 dl Englische Creme (3 Eigelbe, 4 EL Zucker, 2,5 dl Milch),
420 g Amaretti, 100 g gestiftelte und im Backofen geröstete
Mandeln, Zimtpulver

ZUTATEN FÜR 8 PERSONEN

ZUBEREITUNG

1. Das Kürbisfleisch im Backofen bei 180 °C ca. 20 bis 25 Min. garen und dann passieren.

2. Eigelbe mit dem Zucker verquirlen. Vanillearoma zugeben.

3. Das Eiweiß zu steifem Eischnee schlagen.

4. Das Kürbismus mit einem Kochlöffel gut mit den Eigelben verrühren. Die geschlagene Sahne und zum Schluß den Eischnee unterheben.

5. Masse in Portionsschälchen füllen, mindestens 4 Stunden kühl stellen.

6. Englische Creme zubereiten: Eigelb mit Zucker verquirlen, kochende Milch dazu gießen, kräftig umrühren, zurück auf den Herd stellen, nicht aufkochen lassen. Die zerbröselten und gesiebten Amaretti dazugeben.

7. Soße auf Tellern verteilen, Kürbismousse daraufsetzen, mit gerösteten Mandeln bestreuen und mit Soße übergießen. Mit Zimtpulver bestreuen.

WEINE: *Der Geschmacksreichtum dieses Desserts liegt in der Süße, der Saftigkeit und der aromatischen Würze seiner Zutaten, die beim Probieren ein wahres Feuerwerk an Düften und Aromen bieten. Es empfiehlt sich daher ein weißer, gehaltvoller Eis- oder Likörwein mit aromatisch-kräftigem Bouquet aus Früchten, Blumen, leicht würzig, frisch, weich und ausgesprochen kräftig wie der Moscato di Loazzolo oder der Albana di Romagna passita.*

PRO PORTION:

582 Kalorien; 2,4 g Ballaststoffe

Kürbissoufflé

300 g Kürbisfleisch,
150 g Zucker, 1 g Vanille, 4 Eier,
Butter und Zucker

ZUTATEN FÜR 4 PERSONEN

WEINE: *Ein Rezept, bei dem sich das technische Können bei der Zubereitung mit der Phantasie und der Kunstfertigkeit des Kochs paart und bei dem der runde, intensiv süße Geschmack perfekt mit den wenigen und einfachen Zutaten harmoniert. Dazu empfiehlt sich ein nicht zu junger, weicher Weißwein mit ausgereiftem und dabei leicht fruchtig-würzigem Bouquet, frischer Säure und dem nötigen Gehalt wie der Nus Malvoisie Flétri oder der Trentino Vin Santo.*

ZUBEREITUNG

1. Kürbisfleisch weich dämpfen, passieren und mit Zucker und Vanille vermischen.
2. Das gezuckerte Püree mit Eigelb binden.
3. Eiweiß zu Eischnee schlagen und unter das Püree heben.
4. 4 Soufflé-Förmchen einfetten, mit Zucker ausstreuen und die Masse einfüllen.
5. Im Backofen auf dem Blech bei 180 °C 20 Min. backen.
6. Sofort servieren.

PRO PORTION:
123 Kalorien; 0,4 g Ballaststoffe

Mürbeteigkuchen mit Kürbismarmelade

Für die Kürbismarmelade:

1 Kürbis von ca. 5 kg, 800 g Zucker,
2 dl Marsala oder Weißwein, 200 g Honig,
100 g Orangen- und Zitronenschale

Für den Mürbeteig:

150 g Butter, 100 g Zucker, 2 Eigelbe, 300 g Mehl,
geriebene Zitronenschale, Salz

ZUTATEN FÜR 8 PERSONEN

ZUBEREITUNG

1. Das Kürbisfleisch mit Zucker und Marsala eine Nacht durchziehen lassen.
2. Am nächsten Tag Honig, Orangen- und Zitronenschale dazugeben.
3. Das Ganze kochen, bis es die Konsistenz einer Marmelade annimmt.
4. Butter mit Zucker verrühren. Eigelb dazugeben, dann mit dem Mehl, Zitronenschale und Salz vermengen. Den Teig einen Tag ruhen lassen.
5. Eine Tortenform mit dem Mürbteig auskleiden, dann die Kürbismarmelade einfüllen und mit Teigstreifen verzieren.
6. Bei 200 °C ca. 20 Min. backen und mit Puderzucker bestreut servieren.

WEINE: *Zu dem intensiven und geradlinigen Geschmack dieser aromatischen, saftig-süßen Torte paßt ein nicht zu schwerer Süßwein mit fruchtig-blumigen, leicht würzigen Noten, frisch, weich und gehaltvoll wie der Colli Orientali del Friuli Picolit oder der Muffato della Sala.*

PRO PORTION:
576 Kalorien; 2,7 g Ballaststoffe

Süßer Kürbis-Mandel-Flan

MIT AMARETTOSOSSE

50 g Kürbisfleisch, 30 g Mandelkerne, 20 ml Milch,
60 g Zucker, 50 g Butter, 50 g Mehl, 3 Eier,
25 g zerbröselte Amaretti, 30 g Semmelbrösel

Für die Amarettosoße:

3 Eigelbe, 100 g Zucker, 10 g Kartoffelstärke,
20 ml Milch, 40 ml Sahne, Amaretto

Zum Garnieren:

100 g Kürbisfleisch, 100 g Kokosnuß, 25 g Butter,
Puderzucker, 25 ml Amaretto

ZUTATEN FÜR 4 PERSONEN

WEINE: *Diese raffinierte und interessante Süßspeise bietet eine ausgewogene Fülle verschiedenster Aromen. Man sollte dazu einen süßen Eis- oder Likörwein mit kräftig-blumigem Bouquet wählen, der nach reifen Früchten, getrocknetem Obst und Gewürzen schmeckt, die nötige Frische hat und weich und kräftig ist wie der Erbaluce di Caluso Passito, der Nettare dei Santi passito, der Moscadello di Montalcino oder der Malvasia delle Lipari.*

ZUBEREITUNG

1. Das Kürbisfleisch für den Flan in winzig kleine Stückchen und die nicht geschälten Mandeln in Stifte schneiden.

2. Mit der gezuckerten Milch in eine Pfanne geben und aufkochen. Eine Butter-Mehlschwitze zubereiten und die kochende Milch damit binden. Abkühlen lassen und die Eier hineinrühren.

3. Semmel- und Amarettibrösel mischen. Creme-Caramel-Förmchen buttern und damit ausstreuen. Flanmasse einfüllen und im Backofen im Wasserbad bei 150 °C ca. 1 Stunde garen.

4. Eine Englische Creme zubereiten: Eigelbe und Zucker gut verquirlen, Stärke einrühren, mit Milch verflüssigen und erwärmen, aber nicht aufkochen lassen. Abkühlen lassen.

5. Ungezuckerte Sahne nicht zu fest schlagen und zusammen mit dem Amaretto unter die Englische Creme rühren.

6. Zum Verzieren Kürbis- und Kokosnußfleisch in Streifen schneiden und zusammen mit der Butter und etwas Zucker in eine Pfanne geben. Wenn sie zu karamelisieren beginnen, mit Amaretto ablöschen.

7. Den Flan warm mit der Amarettosoße und den ebenfalls warmen Kürbis- und Kokosstreifen servieren.

PRO PORTION:
638 Kalorien; 1,4 g Ballaststoffe

Danksagung

RISTORANTE
GALLERIA DELL'HOTEL
PRINCIPE DI SAVOIA
Romano Resen
Piazza della Repubblica 17
20124 MILANO

LA LOCANDA DI ALIA
Pinuccio Alia
Contrada Jetticelle
87012 CASTROVILLARI (CS)

RISTORANTE
LE COLLINE CIOCIARE
Salvatore Tassa
Via Prenestina 27
03010 ACUTO (FR)

RISTORANTE
AMBASCIATA
Romano Tamani
Via Martiri di Belfiore 33
46026 QUISTELLO (MN)

ANTICA OSTERIA
DEL PONTE
Ezio Santin
Piazza Negri 9
20080 CASSINETTA DI LUGAGNANO (MI)

RISTORANTE
DAL PESCATORE
Nadia Santini
Loc. Runate
46013 CANNETO SULL'OGLIO (MN)

RISTORANTE
BORGO ANTICO
Sergio Cantatore
Piazza Municipio 20
70056 MOLFETTA (BA)

SYMPOSIUM
QUATTRO STAGIONI
Lucio Pompili
Via Cartoceto 38
61030 CARTOCETO (PS)

RISTORANTE
PAOLO TEVERINI
Paolo Teverini
Piazza Dante 2
47021 BAGNO DI ROMAGNA (FO)

RISTORANTE
AL BERSAGLIERE
Roberto Ferrari
Via Goitese 260
46044 GOITO (MN)

RISTORANTE SADLER
Claudio Sadler
Via Troilo 14
20136 MILANO

RISTORANTE LA FRASCA
Marco Cavallucci
Viale Matteotti 34
47011 CASTROCARO TERME (FO)

RISTORANTE L'ALBERETA
Gualtiero Marchesi
Via Vittorio Emanuele 11
25030 ERBUSCO (BS)

RISTORANTE DA GIGETTO
Luigi Bortolini
Via A. De Gasperi 4
31050 TREVISO

TRATTORIA IL FOCOLARE
Agostino D'Ambra e Rosario Sgambati
80074 CASAMICCIOLA TERME (NA)

RISTORANTE LA TAVOLA D'ORO
Giovanna Gasparello
Via Santa Chiara 2
31100 TREVISO

RISTORANTE IL CASCINALE NUOVO
Walter Ferretto
Statale Asti-Alba, 15
14057 ISOLA D'ASTI (AT)

RISTORANTE TIVOLI
Walter Bianconi
Loc. Lacedel
32043 CORTINA D'AMPEZZO (BL)

RISTORANTE BISTROT CLARIDGE
Vincenzo Cammerucci
Via dei Mille 55
47042 CESENATICO (FO)

RISTORANTE GABBIA D'ORO
Domenico Burato
Loc. Gabbia
37063 ISOLA DELLA SCALA (VR)

LA LOCANDA DELLA TAMERICE
Igles Corelli
Via Argine Mezzano 2
44020 OSTELLATO (FE)

RISTORANTE VECCHIO MULINO
Luca Bolfo
Via Monumento 5
27012 Certosa di Pavia (PV)

RISTORANTE AIMO E NADIA
Aimo e Nadia Moroni
Via Montecuccoli 6
20147 MILANO

RISTORANTE CUCINA DEL MUSEO
Alberto Vaccari
Via Sant'Agostino 7
41100 MODENA

RISTORANTE CASA FONTANA
Roberto Fontana
Piazza Carbonari 5
20125 MILANO

CASANOVA GRILL HOTEL PALACE
Umberto Vezzoli
Piazza della Repubblica 20
20124 MILANO

TRATTORIA IL MOLINETTO
Stefano Gandini
Loc. Molinetto
42033 CARPINETI (RE)

GRAND HOTEL
VILLA ROMANAZZI-CARDUCCI
Antonio De Rosa
Via Capruzzi 326
70124 BARI

GOLF HOTEL RIVA DEI TESSALI
Giovanni Maggi e Virgilio Corrado
74025 MARINA DI GINOSA (TA)

RISTORANTE JOIA
Pietro Leemann
Via P. Castaldi 18
20124 MILANO

Laura NICCOLAI
Via Termine 9
80064 S. AGATA SUI DUE GOLFI (NA)

RISTORANTE
LA CONTEA
Claudia e Tonino Verro
Piazza Cocito 8
12052 NEIVE (CN)

HOTEL DELLA POSTA
Renato Sozzani
Piazza Garibaldi 19
23100 SONDRIO

DON ALFONSO 1890
Alfonso Iaccarino
C.so S. Agata 11
80064 S. Agata sui due Golfi (NA)

L'Antica arte del Dolce
Ernst Knam
Via Anfossi 10
20135 MILANO

RISTORANTE ITALIA
Sergio Carboni
Via Garibaldi 1
26038 TORRE DE' PICENARDI (CR)

RISTORANTE
FERRANDO
Piero Ferrando
Via D. Carli 110
16010 S. CIPRIANO DI SERRA RICCO' (GE)

FORESTERIA CREDITO ITALIANO
Fred Beneduce
MILANO

RISTORANTE ALBERGO DEL SOLE
Franco Colombani
Via Mons. Trabattoni 22
20076 MALEO (LO)

ARTE DELLA PASTICCERIA
Enrico Parassina e Daniele Allegro
Via A. Diaz 7
35031 ABANO TERME (PD)

RISTORANTE LANCELLOTTI
Angelo Lancellotti
Via Grandi 120
41019 SOLIERA (MO)

DANK FÜR DIE HERVORRAGENDE
ZUSAMMENARBEIT AN:
*Biblioteca Internazionale di Gastronomia,
Eugenio Medagliani, Familie Nizzoli,
Attilio Pollastri, Paola Salvatori,
Noemi Govi und Laura Valastro.*